逆風化作蒲公英

運用「生命凝聚感」
提升面對困境的能力

壓力管理專家
舟木彩乃——著

前言

從嚴峻境遇中得到的生存智慧

近年來歷經疫情、戰爭、物價上漲，我們的內心蒙上了一層陰影，大家都在感嘆世道艱難。在這個時代，只進行表面的壓力管理已經不夠，我們要如何在如此艱困的環境中活得更有意義一點呢？

我開始寫這本書的靈感，源自二戰中受迫害的猶太人。當時被囚禁在集中營的他們，是如何在嚴峻的環境中生存下來的呢？

二戰集中營中人們的智慧與生活方式，當然無法直接適用於現代社會。他們過著隨時可能喪命、膽戰心驚的生活，與現代社會的環境相距甚遠。然而，其所擁有的突破逆境之力，或許能給現在的我們帶來啟發。

二戰結束後，一位猶太裔學者研究了當時從集中營生存下來的猶太人，分析他們突破逆境的能力，並歸納出一項共通特質——**「生命凝聚感（Sense of Coherence）」**。我認為這是學習深層壓力管理不可或缺的要素，也是通向更有意義的生活方式的墊腳石。

本書旨在給那些對生活感到焦慮、想知道如何變得更堅強，或是希望自己的生活能過得更有意義的人們。

勇於挑戰困境的特徵

說到勇於挑戰困境的人，你腦海中浮現的人物會是周圍親友、名人、運動選手，還是歷史中的哪位偉人呢？

身為壓力管理專家，我時常與企業或政府機關合作，探討精神健康策略，並提供個人心理諮商服務。時至今日，我已經為上萬人提供過諮商服務，其中包括上班族、公務員、退休人士、療養中的病人、公司老闆、政治家，甚至是中小學生。

為不同身分的人進行諮商時，我首先會傾聽他們的煩惱與心理狀態。隨著諮商經驗增加，我也積累了許多案例，瞭解到人們為何會受到傷害，以及他們都抱有怎樣的煩惱。

一般而言，煩惱可以歸納出最基本的2種理由：

◎無法成為自己想成為的人（自己本身的問題）

◎周圍環境不理想（周遭的人際關係與環境的問題）

雖然聽起來很籠統，但是可以從這兩種理由推演出各種衍生問題，包括人際關係、能力、成就感、衰老、病痛、受災、貧困等。當遇到這些困難，如何接受、消化和應對，考驗的便是困境處理能力。

方才問到勇於挑戰困境的人有什麼特徵，想必各位的腦海中會浮現出一位**能夠突破重重難關，並將困難視為成長動力的人**吧？

天生心態超強、一生沒有任何煩惱的人是不存在的。即使有人看似如此，這也只是因為我們只看到表面。

面對人生中的種種困難時，有的人即便遍體鱗傷也能突破難關、自我成長；而有些人則會在困難面前停滯不前。我歸納了自己的研究與諮商經驗，得出了導致這兩種不同結果的原因——與**生命凝聚感的高低**有關。我認為，勇於挑戰困境的人，幾乎無一例外都屬於生命凝聚感高的類型。

從惡劣環境生存下來者擁有的驚人力量

「生命凝聚感」一詞想必對很多人都覺得陌生。這個概念被廣泛運用在心理學與健康社會學領域，又稱壓力處理能力或健康生活的力量。

生命凝聚感大致分為3種能力，在此粗略地介紹一下，詳見拙作《使內心堅強的「生命凝聚感」（「首尾一貫感覚」で心を強くする，暫譯）》15頁。

◎理解認知能力（大致都在掌握中）：瞭解並相信自己可以掌握當前處境或今後的發展。

◎應變處理能力（事情總會解決）：相信自己可以應付所面臨的壓力與障礙。

◎意義感（無論什麼事都有其意義）：相信自己的人生與發生在自己身上的所有

事情都有其意義。

生命凝聚感是一九七〇年代初期，由醫療社會學家安東諾夫斯基博士（Aaron Antonovsky, 1923～1994）依據醫學訪談調查結果歸納出的理論。

安東諾夫斯基博士觀察了二戰時期被囚禁在德國納粹集中營的猶太女性。她們遭受了如此殘酷的對待，即便留下影響終生的心理創傷也不奇怪。然而其中有一部分人脫離嚴峻的難民生活、在多年後的更年期，仍然抱持健康的身心狀態。博士透過觀察和分析這些女性的思考與想法，歸納出名為「生命凝聚感」的共通特徵。

生命凝聚感並非與生俱來，而是後天培養的能力。不僅如此，如果累積過多壓力，生命凝聚感的3種能力很可能會降低。

構成生命凝聚感的3種能力並非單獨存在，而是互補共生的關係。例如，當理解認知能力高時，會認為當前處境或今後發展大致都在掌握中，從而產生應變處理能力，即認為（在可掌握範圍內的）事情總會解決。

若擁有克服困境時所需的「資源」，如：可商量的對象（家人、朋友、上司等）或金錢、權力、地位、知識等，也會增強應變處理能力。

所謂的資源，用RPG遊戲《勇者鬥惡龍》（史克威爾艾尼克斯）來想像或許會比較容易。遊戲的最終目的，就是主角（你）打倒企圖用邪惡力量征服世界的魔王。然而在遊戲開始時，主角必定不具備與魔王較量的能力（武力值和智力），甚至連購入高等武器或防具的錢、身邊的夥伴都十分不足。主角會在與怪物戰鬥時獲得經驗，並不斷提升自己的實力、獲取相應的報酬。隨著經驗值、報酬和能力提升，以及一起戰鬥的夥伴逐漸增加，主角的世界會從只能打小怪物開始，變得愈來愈寬廣。

為了方便讀者理解，本書有時會將「資源」比喻為（解決問題所需的）

生命凝聚感是由3種能力組成

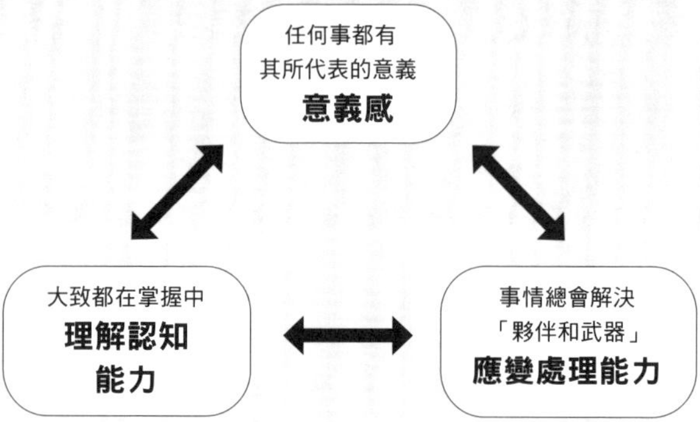

「夥伴和武器」。活用夥伴和武器，可以提升理解認知能力；再者，產生具意義感（相信自己的人生與發生在自己身上的所有事情都有其意義）的價值觀、想法和自我認同等，也可以成為提升應變處理能力的武器。

當遇到預想之外的事情，如在集中營經歷殘酷的事情、公害或大災害等，即便是平時就具有高度理解認知能力的人，也會對無法預測的未來感到不安；應變處理能力高的人，也可能會失去「事情總會解決」的信心。

在這樣的狀況下，如果能以「凡事都有其意義」的意義感心態看待這些負面事件，就能穩健地向前邁進。

因此我認為，意義感是生命凝聚感的基礎。我不希望讀者認為，生命凝聚感高的人是受到特別待遇或天選之人才有的特權，普通人無法成為這樣的人。這是對生命凝聚感的誤解。正如前面所提到的，**生命凝聚感並非與生俱來的天賦，而是後天培養的能力**。無論是誰，都能夠培養這種能力，並在面對艱苦困難的時候藉此去克服。

從《活出意義來》學習生命凝聚感

我們可以從傳記或紀實文學中瞭解，生命凝聚感高者具體的特徵。

猶太裔奧地利心理學家弗蘭克（Viktor E. Frankl, 1905～1997）撰寫的《活出意義來（Men's search for meaning）》是很好的參考文本，描述了當時猶太人集中營的情景。弗蘭克不僅曾被囚禁在集中營裡，本身還是精神科醫師兼心理學家。他運用自己在心理學與精神醫學領域的知識，分析了當時被關押進集中營之人的精神狀態——面對如此殘酷的境遇，他們是如何逐漸精神崩潰，又或者如何維持精神不被擊垮並將之書寫以流傳後世。

生命凝聚感的概念，就源自這些從猶太人集中營裡生存下來、仍然正向生活的女性們的採訪。安東諾夫斯基博士也在其著作《解開健康之謎：壓力對策與保持健康的機制（Unraveling the Mystery of Health: How People Manage Stress and Stay Well，暫譯）》中提到，自己是受弗蘭克的研究所影響。

也因此，心理學家弗蘭克的著作中，描寫猶太人被關押的內容，成為有利於理解生命凝聚感的資料。

主張「任何人生都有其意義」的弗蘭克心理學

弗蘭克出生於奧地利維也納，師從心理學家佛洛伊德與阿德勒，在維也納的精神科醫院工作。一九三八年德國占領奧地利，猶太裔的弗蘭克被禁止為德國人治療，隨後便被醫院解雇。一九四二年，弗蘭克和家人被逮捕，關進猶太人集中營。

以《活出意義來》一書聞名的弗蘭克，同時也是**以「任何人生都有其意義」之說廣為人知的心理療法——意義療法（Logotherapy）的創始人**。

意義療法是一種對於「生存到底有什麼意義」、「總覺得活著很空虛」這類人生意義探討所進行的側面論證（取自《弗蘭克心理學入門——富含意義的人生（フランクル心理学入門—どんな時も人生には意味がある，暫譯）》230頁）。弗

蘭克稱每天都覺得生活空虛乏味的人為「身處存在的空虛狀態的人」，而他所創立的意義療法就是幫助處於這種狀態的人瞭解自己的內心，用自己的方式找到生存的意義。

弗蘭克的思想和意義療法中，最重要的關鍵理念就是**「人是為了回應人生拋出的課題而存在」**。

> 無論何時，人生都不會失去「該做的事」、「該實現的意義」；無論是誰，必定有該由他實踐、發現的事，這就是人生的眞理。因此，無論是誰、過著怎樣的人生，都不可能沒有意義。也可以說是人生對於其主宰者（自己）的期待。
>
> 摘自《弗蘭克心理學入門》日文版130頁

你的人生課題

在面臨如升學、出社會、換工作、裁員、生病、離婚等人生的重大抉擇之時，每個人的判斷基準各有不同。舉一個我接過的案例為例，委託人公司的一位職員因長期職場人際關係不順和龐大的工作量等原因，正在考慮辭職。這位職員常把「為什麼就只有我過得這麼不順呢……」、「我該怎麼做？」之類的話語掛在嘴邊。這樣的想法容易在不知不覺間變成慣性思考，最後變得像這位職員一樣被壓得喘不過氣、陷入無限的煩惱之中。

究竟原因是什麼呢？其實這是太過關注自己的緣故。

在教授意義療法時，我會引導對方將想法從「我該怎麼做？」轉換為「我的人生正透過眼下這些接續而來的職場問題，向我拋出什麼課題呢？」。這樣一來，就可以將原本以自我為中心的思考模式，轉變為從人生整體的宏觀視角來檢視自己，進而理解眼前的問題將對自己的人生帶來什麼意義。當為所面臨的煩惱賦予意義後，就能定下解決問題的方向性。

那位職員最後是因為到了退休年齡而離開職場的。在離開前，他跟我傳達的想法：「我以前可能在工作和家庭中，都輕忽了人際關係的重要性。藉由退休，剛好可以給我時間好好思考這個問題。」他參考了我的方法，將職場問題轉換為人生課題，並賦予其意義。

成為勇於挑戰困境的人

本書將以筆者的諮商經驗為基礎，套用生命凝聚感與弗蘭克心理學

（弗蘭克的基本思想與其創立的意義療法）的精華，和大家一起探討如何掌握勇於挑戰困境的方法。

生命凝聚感與弗蘭克心理學最大的共通點在於，強調無論多花時間，都應將殘酷的經驗轉化成人生的養分，並學會透過訓練來提高生命凝聚感。正如我前面提過的，生命凝聚感可以靠後天努力來提升。

第1章將說明提升生命凝聚感的方法；第2章則會介紹運用弗蘭克心理學的諮商案例，為了保護諮商對象的隱私，我會適度改編實際內容；第3章，我將藉由《活出意義來》介紹生命凝聚感與弗蘭克心理學的精髓；第4章則會介紹提升生命凝聚感的訓練方法；最後一章會總結所有內容。

期望各位讀者能透過本書，學習那些積極前行的人們所擁有的生存祕訣，在這充滿壓力的現代社會，更堅強地面對人生的困境。

第2章　透過弗蘭克心理學思考人生意義

第3章 從《活出意義來》學習如何在惡劣環境中保持平常心

第4章 以生命凝聚感與弗蘭克心理學進行自我訓練 實踐篇

最終章　思考人生意義

第1章

打造強心臟的方法

——如何提高生命凝聚感

性格可以改變

在前言簡單說明了生命凝聚感的概念，本章將透過具體的諮商案例，和各位一起學習提升生命凝聚感的方法。

接下來我將以實際的諮商談話為例，為各位介紹生命凝聚感低下對生活、工作的影響，以及如何運用生命凝聚感來克服艱難處境。瞭解生命凝聚感，能夠使原本看似困難的處境變得清晰、找出解決的大方向。

前言的開頭我提出了一個問題——你認為勇於挑戰困境的人是什麼樣的人呢？

根據每個人的狀況與立場，對這個問題的答案也會有所不同。想必學生會認為是不屈服於玩樂慾望、能夠埋頭努力學習的人；上班族會認為是即使有自己的煩惱，也能達成設定目標的人；患病的人會認為是不被不安的情緒擊垮、能和病魔搏鬥或接受生病事實並與之共存的人等等，每個人都有不同的認知與解讀。

當人感到有壓力，身體與心理會出現如焦躁、胃痛或失眠等不適反應，表現也會不如平常。為了更完善地理解人的壓力機制，我將介紹「工作壓力模型」。

下一頁的圖表中，首先列出工作職場中的壓力因素（如：人際關係或工作量等），另外以橫軸列出影響壓力反應的個人因素（如：年齡、性格、價值觀或生命凝聚感等），以及工作以外的因素（如：來自家庭的期望）、緩衝因子（如來自上司、同事或家人的支持）；並以縱軸顯示壓力的進展，從引發急性壓力反應（如：抑鬱、不適、曠職等）到發展成需要就醫的疾病（如：憂鬱症）。

舉例來說，職場上的人際關係煩惱（壓力根源），如果沒有做相應的處

工作壓力模型

職場的壓力因素（壓力根源）

- 職場環境
- 對於分工的煩惱和不明確性
- 人際關係、人際責任
- 工作掌握度
- 工作量的負擔與變動
- 對工作未來的憂慮
- 與工作上的要求相關的事
- 交接工作

etc…

個人因素

- 年齡、性別
- 家庭環境
- 就業保障期間
- 性格、想法、價值觀
- 生命凝聚感等

工作以外的因素

來自家人的要求

緩衝因子

來自社會的支援
（上司、同事、家人）

急性壓力反應

●心理反應
- 對工作的不滿
- 憂鬱

●生理反應
- 身體不適

●行動上
- 遭逢意外
- 成癮等
- 因病曠工

疾病

因工作造成精神或身體上的障礙，
由醫生診斷出問題。
憂鬱症等疾病

工作壓力模型（經東京都勞動諮商情報中心部分修正）
來源：東京都労働相談情報センター「NIOSHの職業性ストレスモデル」

理（減輕壓力），可能會導致不安（精神上）、胃痛（身體上）、曠工（行動上）等壓力反應。如果這些煩惱遲遲無法解決，嚴重的情況下甚至可能患上憂鬱症等疾病。

在相同環境下，因為個人因素（年齡、性格、價值觀等）不同，壓力根源所造成的傷害或壓力反應的程度也會有所變化。其中，「性格」會很大程度上的影響壓力反應，而與之相關的便是生命凝聚感（對應壓力的能力）和弗蘭克心理學。

本書提到的性格，並不是指與生俱來的先天個性，而是指後天形成的習慣思考方式或價值觀等。因此，這裡所說的性格可說是後天造成的。

綜合以上事項，我將開始以實際諮商內容為基礎，具體介紹該用什麼方法來提升生命凝聚感。

步驟1　活用3種能力整理煩惱

——Q：我不斷思考工作上的事情，導致身心無法放鬆。（A小姐，30歲初女性）

每天我在公司都面臨各種煩心事，即使下班後，這些事情仍在腦中揮之不去。就算和旁人商量，也只能得到「妳想太多」這種輕描淡寫的意見。無論是下班後或假日，我都一直為工作或職場上的事而焦慮不安，身心都無法好好放鬆。想到未來，心中更是籠罩著厚厚的陰影。

我該怎麼做才能對工作對生活保持更加安定的心態呢？

——A：嘗試活用3種能力，來整理自己的煩惱！

Ａ小姐一直處在不斷思考煩惱、身心無法放鬆而疲憊不堪的狀態，已經出現方才介紹的工作壓力模型中的「精神層面的壓力反應」。

Ａ小姐為什麼會陷入這種狀態中呢？最大的原因在於沒有認真關注「現在」，丟失了原本的自我。

悔恨過去、焦慮不安，被過去與未來控制，沒有掌握「現在」這個人生重要的時間點，都是因為沒有客觀地瞭解自己現在所處的環境。

我們可以運用生命凝聚感，從整理周邊的環境開始！

這邊再次為各位說明，在前言曾簡單提到的生命凝聚感。

◎理解認知能力（大致都在掌握中）：瞭解並相信自己可以掌握當前處境或今後的發展。

◎應變處理能力（事情總會解決）：相信自己可以應付所面臨的壓力與障礙。

◎意義感（無論什麼事都有其意義）：相信自己的人生與發生在自己身上的所有事情都有其意義。

我在諮商時聆聽委託人的闡述，便能判斷對方的以上3種能力處在低迷狀態。

整理A小姐的煩惱，再對照以上3種能力，可以得到以下答案。

——A小姐的煩惱

我每天都在公司遭受煩心事，煩惱在腦中揮之不去，身心都無法好好放鬆。就算和別人商量也得不到重視，為今後的事止不住地焦慮不安。

——提出與理解認知能力有關的提問

妳認為如此焦慮不安的狀態會持續到什麼時候呢？

每天發生的「困擾妳的事」究竟具體是什麼呢？

——A小姐的回答

和我同組的前輩總是陰晴不定，時常因心情改變說過的話。前輩心情不好時，即使我按照指示做出資料，依然會被打回票。問原因也只會回覆：「我很忙，妳自己想。」因此我每次都得小心翼翼地看前輩的臉色。

我想只要我還跟前輩一組，這樣的情況應該會一直持續下去吧。

——提出與應變處理能力有關的提問

現在的妳需要什麼樣的幫助（人或資訊等）呢？

有沒有妳認為可能可以幫助妳的人或資訊呢？

——A小姐的回答

我想要跟可以向前輩提意見的人商量。還有我希望自己能有多一點不需要考慮工作的時間……

——提出與意義感有關的提問

妳覺得面對這個問題並想出解決方法，會帶給妳意義或價值嗎？妳想要成為怎樣的人呢？

——A小姐的回答

說實在的，我不認為小心翼翼地看前輩臉色工作會帶給我什麼意義。我希望換到可以改善工作方式，並能持續讓我自我成長的工作環境。

以上是對A小姐的提問與她的回答。

用3種能力整理煩惱，會發現問題點與需要改善之處逐漸變得清晰。

而從以下理由中，可以發現A小姐正處在3種能力均缺乏的狀態。

◎缺乏理解認知能力的理由

因為前輩的指令（因陰晴不定的情緒而）不斷變化，讓A小姐在工作上無所適從，導致看不見自己工作的大局，造成理解認知能力低落。

◎缺乏應變處理能力的理由

和周圍人商量，也找不到解決方法。另外，A小姐對於自我保健相關的知識不足也是原因之一。

◎缺乏意義感的理由

現在的環境讓A小姐看不到自我成長的可能性。

綜觀上述原因，A小姐應該如何應對呢？

理清煩惱，就能知道該如何行動

接下來，就要**用3種能力客觀理清自己現處的環境**，藉此思考未來。

當我們如同A小姐一樣，處於這3種能力都低落、身心俱疲的情況下，就會感到走投無路，思緒只能在惡性循環中打轉。這時候應該好好思考意義感，並實際做出一些行動。

然而，**想要正向思考的話，「休息」必不可少。當我們釐清自己周圍的環境和感受後，就該強迫自己休養**。休養期間，睡眠尤其重要。我們應該撥出時間來補充睡眠，即使睡不著也應該躺在床上、閉上眼睛，不去想那些多餘的干擾，讓身體充分休息。

如果睡不著的情緒無論如何都揮之不去，甚至成為壓力來源的話，就尋求專家的幫助吧！

當身體狀況變得輕鬆，就可以開始以3種能力考慮今後的事。這時的重點在於，**思考自己想成為怎樣的人、做怎樣的工作（理解認知能力）；需要什麼資源來實現目標（應變處理能力）；釐清具體該怎麼實行（跟上司商量等）；思考應對當前的挑戰，對自己有什麼意義或價值（意義感）。**

各位不妨參考A小姐的案例，嘗試釐清自己的煩惱。

重點

當感受到壓力的時候，問自己以下問題，試著整理看看：

◎理解認知能力相關問題

事情得到解決的可能性有多大？
能分辨出自己是否掌握事情全貌嗎？

◎應變處理能力相關問題
解決問題需要什麼樣的幫助（資源：人或資訊等）？
有沒有你認為可能可以幫助你的人或資訊呢？

◎意義感相關問題
你覺得面對這些問題與挑戰，能帶給你意義或價值嗎？
你想要成為怎樣的人呢？

接下來，我將分別重點說明生命凝聚感的3種能力。

步驟2　提升理解認知能力

接下來讓我們來參考B先生的諮商案例。

——Q：我很害怕站在眾人面前，甚至會感到恐懼（B先生：近40歲男性）

以前，我在公司做財務相關的工作，主要負責資料輸入與報告製作等可以單獨完成的業務。這樣的工作內容很符合我的性格，上司和周圍的人也對我的工作表現給予肯定。

然而，情況在我從財務調到企劃銷售部門後開始轉變。

公司每週一會開企劃銷售部門的部門會議，每次會議我都需要發表目前的工作進展。儘管這是個偶爾說笑、氣氛輕鬆的例會，但對我而言，輪到自己發表的時間就像地獄一般痛苦。

高中時期，我曾在眾人面前發表時失誤，被老師指責怎麼這麼簡單的事也不懂。從那時起，在人前發言就成為我最恐懼的事，即使出社會也一直無法克服。就連現在在公司裡，我也盡量選擇不需要當眾發言的職位。

想必多數人在人前發言都會感到緊張，但是我的情況已經不僅僅是怯場，而是腦中一片空白、瘋狂冒汗。

看著我如此緊張的樣子，上司鼓勵我：「多經驗就能克服的，加油啊！」儘管如此，我總是忍不住覺得，包括上司在內，所有與會者都在暗自取笑我。

到最後我不僅沒有克服在人群前發言的恐懼，反而每次會議都更加緊張。每當會議臨近，我都感到腹痛。這樣的自己讓我覺得很丟臉，卻不知道該如何是好。

——A：放下對完美主義的追求，增加成功經驗。

B先生被調到新部門之後，對每週必須在眾人面前發言感到痛苦，會議將至就會開始腹痛。這代表他的身體已經出現壓力反應，令人擔憂。

B先生想要改善這樣的情況，就需要釐清自身的現況，才能考慮之後的對策。

從這個案例可見，B先生已經出現社交恐懼症的傾向。社交恐懼症患者容易認為周遭的人都在背地裡取笑自己的愚蠢，對旁人的評價極度在意，接觸到不常見的人時會感受到強烈的不安。這種症狀與單純的怯場不同，其原因會因個人體質和成長環境而異。從B先生的陳述中可知，他的恐懼源自於高中時一次失敗的發表，讓他從此害怕在眾人面前發言。

患有社交恐懼症傾向的人所懼怕的情境各不相同，例如：害怕在眾人面前演講、在辦公室接電話時感到不安等。不論是哪種情況，他們的內心都抱著「萬一失敗了該如何是好」的負面想法。以生命凝聚感可以判斷出，他們的理解認知能力不足。

抱持「我能夠掌握全局」的樂觀態度

提倡生命凝聚感的安東諾夫斯基博士，對於理解認知能力高的人定義如下：

理解認知能力高的人，認爲將來會發生的刺激是可以被預測的。至少當刺激突然降臨，他有餘裕有條理地解釋一切。

這裡該注意的是，這個刺激可能是期望中的、也可能是意料之外的，包括死亡、戰爭、失敗等各種狀況。理解認知能力高的人，會理解這些都是可能發生的。

摘自《解開健康之謎》日文版21頁

B先生在發言前就抱有「萬一失敗了該如何是好」的負面想法，在發言時更是腦中一片空白。他被不安的想法占據腦海，使理解認知能力降低，眼前漆黑一片、看不見未來。

要想提升理解認知能力，需多設想幾個問題與答案、做好萬全準備，或如同上司所言增加經驗、讓自己去習慣等等，這些都是可以嘗試的方法。然而，若負面想法依舊在腦中揮之不去，或事前費心準備的問答設想派不上用場、又被當眾指責而徹底喪失自信，當事人就容易陷入惡性循環之中。

因此在這種情況下，首要之務是**認清自己其實一直都在無意識地追求完美主義，要捨棄追求100分，列出自己最低限度的期望**。過度追求完美，容易產生「要是失敗的話，一切都完了」的負面想法，甚至無法好好達到原本的水準。

每個人能掌握的範圍都是有限的，建議先從**抱持樂觀態度**、認為自己大致掌握全局開始，多累積成功克服的成就感。

完美主義者容易期盼獲得他人的認可、認為受到肯定才是對的。要脫離完美主義思考方式，首先要設定小目標，為自己累積自我認可的經驗。

舉例來說，一開始可以從出席會議並發言、稍微放慢說話速度等容易達成的目標開始。達成這些小目標後，從中分析其達成的要素並記錄下來，這就是很好的練習方法。

重點

提升理解認知能力的方法：

◎認清自己在無意識地追求完美主義。

◎抱持「我能夠大致掌握全局」的樂觀態度。

◎設定小目標，累積自我認可的經驗。

步驟3　提升應變處理能力

接下來將介紹缺少應變處理能力的C小姐的案例。

——Q：公司前輩時常捉弄我，還盜用我的點子。（C小姐：20歲初女性）

我在新調到的部門偶遇大學時代不太喜歡的同社團前輩（近30歲男性），還被公司分派為工作搭擋。那位前輩風趣健談，一直是眾人矚目的中心；但他的「風趣」基本上都建立在戲弄好捉弄的人身上，用不知分寸的言語調笑對方，引周圍的人發笑。學生時代，前輩就常模仿我的方言，戲弄內向的我。

時隔多年，如今調到新部門的我，又再度受前輩戲弄的「洗禮」。前輩會在迎新聚餐、公司聚會上，對其他部門的人介紹：「C以前很土，現在已經變好很多呢！」或把大學時代發生的事加油添醋地和眾人說，甚至還編出我曾暗戀他的故事。我根本從以前到現在，一次也沒喜歡過他。

我在公司因為前輩的針對與謊言變得難以立足，大家都以為時常關照我的他，是個很照顧後輩的領袖性人物，即使跟同事商量，同事也只認為他對我的行為只不過是有愛的捉弄。

另外，前輩打著「我來幫妳的企劃收尾！」的旗幟，就把我做好的企劃拿走，沒過多久，那本應該屬於我的企劃，被他稍作更改後，當成自己的想法在會議上發表。看著被上司稱讚的前輩，我卻什麼都說不出口。

我不知道他究竟懷著什麼心眼，但現在只能自認運氣太差，認真考慮換工作。

——A：將溝通能力當成武器吧！

C小姐偶然在工作中遇到大學社團的前輩，遭受了很多不愉快的待遇，甚至影響了工作。她可能認為這是自己運氣不好，但事實上不論在哪個職場，都有可能遇到這種人。

如果因為遇到不合的人就換環境，只會給自己帶來負擔。不如利用這樣的機會，好好思考如何與自己不擅長的人相處。

C小姐的生命凝聚感整體處在低落狀態，其中理解認知能力尤其低迷。暫且不論那位前輩是否有惡意，C小姐對於未來的發展、對方的想法，以及自己究竟該如何應對，都看不到解決之道。跟同事商量也得不到重視、只能覺得是自己的運氣不好，這樣無能為力的狀態，就是應變處理能力缺失的表現。自己的想法被前輩盜用，前輩還因此被表揚，對C小姐來說這樣的落差就使其喪失了意義感。

我認為C小姐只要先**強化3種能力中的應變處理能力，就能從根本解決問題**。

接下來，我將具體說明如何強化應變處理能力。

以「I message」傳達自己的想法

我們先來以心理機制推測前輩的言行舉止。

前輩的捉弄發生得很頻繁。雖然演藝圈中常有擅長捉弄人的諧星，但在現實社會中，捉弄與欺負只有一線之隔，一不小心就會傷人。

案例中的這位前輩似乎沒有自己正在傷害人的自覺，證據就是他到處和人說C小姐暗戀自己。而盜用C小姐想法一事，可能是他狡猾地想搶功勞，或只是分不清界線。不論如何，C小姐都受到傷害，視這種行為為霸凌或欺負都是無可厚非的。

該如何與這種不為別人著想的人相處呢？**學習溝通技巧，將其作為武器並提高應變處理能力**，是其中一種方法。

C小姐應該將心中感受如實告訴對方，像是「前輩的話刺傷我了」、「我不希望前輩拿走自己的企劃」。**要注意應當以婉轉但確實的方式傳達，而不是含糊帶過**。這其實不需要特別的溝通技巧，**只要使用「I message（我訊息）」即可達成**。

如果用以「你」為主詞的「YOU message（你訊息）」表達，像是「你的這種說法很傷人」、「這個不是你的企劃」，對方容易認為你在責備他；相較之下，使用以「我」為主詞的「I message（我訊息）」，像是「我不認為你這是玩笑，感覺很傷人」、「我想要自己發表自己的企劃」，再加上懇切的語氣，效果就會很好。

要是已經如此明白地向前輩傳達自己的心情，情況卻沒有改善的話，就該向上司尋求幫助。

重點

提升應變處理能力的方法：

◎學習溝通技巧，將其作為武器。

◎以婉轉但確實的方式傳達自己的心情，而不是含糊帶過。

◎用以「我」為主詞的I message來表達。

步驟4　提升意義感

這一節，我將以D先生的案例說明提升意義感的方法。

——Q：我曾經十分信任老闆，在他手下工作多年，他卻沒有給我相應的

回饋，讓我感覺失去了繼續在他手下工作的意義。（D先生，近50歲男性）

我持有美髮師執照，曾是一家知名美髮店店長。一年多前跳槽到另一家剛開業沒多久的美髮店，美髮師朋友們都為我的離開而惋惜。

我因為被老闆（近50歲男性）的熱情，與他積極的理念——「讓我們團隊齊心協力，朝稱霸全國夢想前進」打動，選擇跳槽。那時的我認為只要跟隨老闆的腳步，自己也能得到成長的機會。

因為抱持著衝勁換工作，剛開始我完全不覺得自己的工作在這業界已經算是工時長又繁重了。剛開業的時候，老闆時常來到美髮店和大家聚聚，慰勞我們的辛苦。同事之間的凝聚感強，大家都在為美髮店的共同目標打拚奮鬥。

有了大家的努力，這家美髮店只花半年就上軌道，老闆開始擴展事業規模、開設分店。然而，隨著公司規模擴張，他變得很少來店裡，員工們的工作量也隨之大增，卻沒有給付相應加班費，離職的人因此愈來愈多。

我曾多次向老闆提出增加人手的請求，並希望他多來店裡慰勞員工，但老闆只丟下「不必多管閒事，你照之前的方式做就好」這句話，沒有做任何改善。

即便如此，當時的我也在心中寬慰自己，現在正處在公司發展期，老闆只是因為繁忙才顧不上太多。直到店裡其中一位同事罹患新冠肺炎後，我才真正見識到老闆的真面目。

疫情猖獗期間，就算做好再嚴密的防範，罹患新冠肺炎或成為密切接觸者的風險依舊不減。當我向老闆報告有同事感染時，他竟然在電話那頭怒罵：「你到底是怎麼管理的！你要害美髮店倒閉嗎？」、「能代替你這店長的人多得是！」並氣洶洶地掛斷電話。

現在的我開始懷疑起當初自己跟隨老闆工作的決定，甚至對在這裡工作的價值和成長幅度也抱有疑慮。老闆所說的「能代替你這店長的人多得是」這一句話狠狠地刺傷了我，在我腦中揮之不去。他當初感動我的理念，現在聽來彷彿天大的謊言，讓我毫無工作的動力。

——A：工作的價值來自於為團隊做出貢獻的滿足感

D先生當初因為認同老闆的理念而跳槽，卻在事業擴展時目睹老闆壓榨員工，讓身為店長的他心痛無比。他想說服自己繼續相信老闆，卻被一句「能代替你這店長的人多得是」傷透了心，開始懷疑自己跟隨老闆的正確性，甚至找不到繼續工作的價值。

我們首先來整理D先生的狀態與心情。

這次諮商的重點在於令D先生傷心的那句話。雖然需要花費大量的精力，但是解決問題的根本，在於面對令自己不愉快的話語。

用生命凝聚感來解釋D先生的狀態，可以發現代表「相信人生中發生在自己身上的事情都有意義」的意義感偏低。

參考《健康本源學SOC與人生、社會——全國樣本調查與分析（健康生成力SOCと人生・社会——全国代表サンプル調査と分析，暫譯）》7頁，可用學術性解釋來說明意義感——「生活的成就感和意義，在於解決你面臨的問題而付出的努力和艱辛的價值」、「將眼前的問題視為挑戰的感覺」。

最初被老闆的人品與理念吸引的D先生，從原本的知名美髮店跳槽到剛創業不久的新美髮店當店長。吸引D先生跳槽的理念，符合安東諾夫斯基博士理論中提到的，提升意義感的動機。他認為和老闆一起工作，可以給自己成長的機會，從中感受到對於自己的強烈意義感。就算D先生的工作再辛苦，只要有老闆的慰問，那份意義感就可以維持，讓他忘卻辛勞繼續奮鬥。

然而，老闆一句話「能代替你這店長的人多得是」，直接否定了D先生存在的意義，降低他對工作的意義感。由此可知，管理者的言行舉止會深刻影響下屬對工作的動力。

我對在組織體制下工作的人做調查，得出一個普遍的結論——**覺得不受上司重視的人，容易喪失對工作的意義，認為就算辛苦工作，也得不到相應的成長回報**。人若處在不被重視的環境中，只會徒增壓力、失去工作動力，而難以得到成長機會。

透過參與創造成果來提升意義感

D先生身處意見不被重視的組織中，認為自己想必得不到成長的機會，因而萌生離開的念頭。

組織心理學的工作要求－控制模型（Job Demands-Control Model，JDC模型）提到，影響工作壓力的要素為工作要求（雇主對工作品質的要求）與工作控制（工作決策自由度）。高要求、高控制的職場，會導致工作壓力高、工作表現差，稱之為「工作緊張」，D先生的職場就屬於這種類型。

D先生在工作緊張的職場，喪失對工作的意義感，他應該怎麼做呢？

安東諾夫斯基博士提出，**透過參與創造成過，能夠提升意義感。若能擁有「自己的言行能影響結果」、「自己能夠對團隊做出貢獻」等成就感，就會感受到自己存在的意義**。

然而，D先生還有一個讓他無法參與創造成果的原因，就是身處職場的工作控制過低。他現在該做的，是重新審視自己的「目標」。

D先生跳槽的初衷是參與老闆擴展全國事業的夢想，並得到成長機會。對他而言，老闆的夢想與自己的成長兩者兼顧就是理想中的目標；但是如今狀況卻不是如此。

為自己尊敬的人或組織貢獻，能從中得到快樂與滿足感，卻也有失去自我的可能性。D先生需要的是暫時把老闆放在一邊，**優先考慮自己**。重新思考「讓我們團隊齊心協力，朝稱霸全國夢想前進」這個理念的核心意義，以及自己在其中扮演的角色、成長之於自己究竟為何、自己的夢想還能不能實現。

我請D先生思考自己的目標後，問了他關於意義感的問題：「你認為正視自己的問題，能否為你帶來意義或價值呢？」

D先生回答：「雖然不容易，但以長遠來看，對我而言正視現在的問題有很深的意義。我認為只要在現在的環境裡盡力，未來或許就能運用這些經驗。當我成為管理階層時，就能創造出理想的職場環境。」

當工作對自己而言失去意義，分辨哪些地方是自己能掌控的，或許就能有所發現。

關注能掌控之處、思考自己在其中扮演的角色與意義所在，這麼一來，即使最後選擇辭職也不代表失敗，嶄新的未來就在前方等待著你。

重點

提升意義感的方法：

◎積極參與創造成果。

◎思考以自己而非他人為主角的人生。

◎分辨哪些地方是自己能掌控的。

第2章

透過弗蘭克心理學思考人生意義

莫名而來的空虛感

第1章，我運用生命凝聚感分析了幾件有關工作煩惱的案例，並介紹了提升3種能力的方法。

許多人會因為職場、學校或家庭中的問題而開始質疑人生，然而就算解決了職場人際關係、工作常加班、難以兼顧工作與家庭等狀況，人生也不見得會撥雲見日。大部分的人都會抱有莫名的空虛感，在之後的人生道路上持續徘徊不前。

就算沒有嚴重的煩惱、工作或家庭都不需要操心，也可能對人生抱有空虛感而不斷思考：「我究竟是為了什麼而活……」、「我沒有經濟壓力，家庭也很美滿，但是為什麼總覺得失落呢？」

本章我們將以《活出意義來》一書作者弗蘭克的心理治療法——意義療法，來探討人生的意義（＝活著的價值）。

以意義為中心的意義療法

什麼是意義療法呢？

在弗蘭克著作《意義療法的精髓——18個基本概念（Grundkonzepte der Logotherapie，暫譯）》日文版15頁提到，意義療法著重給予患者（這裡借用身為醫生的弗蘭克的說明，因此用患者一詞進行解說）對未來的可能性，著眼於未來帶給患者的意義。意義療法（Logotherapy）的字首，也是來自希臘語的「意義」一詞。

提到心理療法，各位或許會浮現心理諮商這類實踐性治療，我也曾經如此。實際上，在弗蘭克的著作中寫到最多的，是探討人存在本質的人類學和哲學。因為弗蘭克對實踐並沒有多做著墨，因此有許多意義療法的臨床心理學家也不清楚其實踐方式。（取自《意義療法的精髓》日文版131頁）

實行與活用意義療法

《意義療法的精髓》日文版中，草野智洋先生對其下了一番註解，解釋了即使是專家也難以理解的意義療法（131～133頁）。

草野先生認為，**實行與活用意義療法是兩件不同的事**。

實行意義療法是指諮商師對其治療對象進行的治療。然而，草野先生並沒有在弗蘭克的著書中找到任何關於意義療法實際施行步驟的記載，因此他認為這或許代表意義療法並不存在實施步驟；**而活用意義療法，指的就是以其世界觀與人生觀為基礎，找到人生存在的意義**。

草野先生曾參與勝田茅生老師的演講，勝田老師師從弗蘭克的得意門生——伊莉莎白・盧卡斯博士，是一名意義治療師。勝田老師在演講中提到：**「意義療法不應只是一種技巧，治療師應該將意義療法作為人生準則。」**這句話也成為我在理解意義療法時最重要的參考。

我們究竟該如何活用意義療法呢？這在《意義療法的精髓——18個基本概念》與弗蘭克的其他著作中都有詳細敘述。

本章將介紹以意義療法為人生準則的思考方式，學習弗蘭克心理學，並參考諮商案例，分析如何實際運用。

不要追問人生的意義，而是問「人生對我有什麼期許？」

「人是為了回應人生拋出的課題而存在」為弗蘭克心理學的一個重要理念。弗蘭克在其另一本著書《向生命說YES！(…Trotzdem Ja zum Leben sagen)》中，如此舉例：

有兩位疲於生活的男女坐到弗蘭克身前，異口同聲地向他說：「我對人生沒有任何期待，找不到人生的意義。」弗蘭克回答：**「即使你們對人生不剩絲毫期待，人生路上還是有等待你們的人或事。」**等待男人的是他未完成的學術著作；等待女人的是遠在國外的兒女。

改編自《向生命說YES！》日文版26頁

弗蘭克的解釋為下：

> 哲學家伊曼努爾・康德實施了哥白尼式革命，在哲學界**掀起180度的大革命**。我們也應該學習康德，倒轉對事物一貫的思考模式。如此，**我們將不再問：「我究竟對人生還能有什麼期待？」而是開始思考：「人生對我有什麼期許？」並開始關注人生為自己布置了什麼課題**。
>
> 摘自《向生命說YES！》日文版26～27頁

弗蘭克認為，**人生才是向我們提出課題的一方，我們則是回應問題的存在**。

重點

弗蘭克的話語

◎人生才是向我們提出課題的一方。

◎人生為我布置了什麼課題？

◎人生對我有什麼期許？

明明過著順遂人生，為什麼還會覺得空虛？

看到這裡，想必很多人還是無法理解究竟何謂「人生才是向我們提出課題的一方」。接下來，我將以具體的諮商內容進行詳細說明。

——E先生（30歲初男性）的案例

我從小家境不錯，父母提供了我一切資源在學習與運動上。留學歸國後，我活用外語能力，在知名企業工作至今。年收入比同齡的人高，在職場上也頗受重視，還擁有一位未婚妻，對自己的人生沒什麼太大的怨言。

就算如此，當聽到獨立創業的朋友賺大錢、或看到移居國外的人在社群媒體上分享自己的泳池豪宅，明知攀比是沒有意義的，我的心情依舊五味雜陳。

我或許從外人看來屬於人生勝利組，卻不知為何開始覺得人生乏善可陳，懷疑起自己的人生意義。

從E先生的陳述可知，他的人生順遂，理應沒什麼可抱怨的，但是當他拿自己和他人的生活比較，就開始覺得自己的人生不是那麼有滋味了。

每個人都在為了過上有意義的人生（或生活）而持續奮鬥。然而弗蘭克認為，現代人容易過度追求人生的意義（摘自《弗蘭克心理學入門》日文版96～98頁）。何謂「過度追求人生意義」呢？

弗蘭克心理學中的**「追求意義的意志」**，可以解釋為**追求人生意義的慾望**。只要追求人生意義的慾望永不止盡，我們就永遠無法獲得滿足（取自《向生命說YES！》日文版183頁中山田邦男的註解）。

曾有多位與E先生擁有類似情況的人找我諮商，大家的煩惱不外乎這幾個：「雖然對人生沒有太多怨言，卻還是覺得空虛」、「與旁人比較，心情五味雜陳」、「希望在每一方面都取得成功」。用弗蘭克的話來說，只要我們以自我為中心描繪人生，這種煩惱就不會有消失的一天。

即使找到好工作、獲得加薪，抑或是受人尊敬，習慣這些待遇後，最初的新鮮感與成就感就會隨之消失，開始覺得不滿足。這也是為什麼收入、工作、家庭都看似美好順遂的人，仍然會感到空虛、為追求人生意義而煩惱。

各位是否認為弗蘭克心理學是在勸導大家不要擁有理想與夢想？難道理想不是動力的來源、夢想則是生存的目的嗎？

當人們接近自己的理想與夢想時，成就感就會湧上心頭，認為人生是有意義的；然而，當人生與理想之間的距離愈來愈遠，人們就容易陷入懷疑人生意義的情緒中。這是因為我們容易**過度期盼人生發展能以自我為中心，擁有達成夢想的運氣與環境。**弗蘭克心理學主張，**人的存在並非為了追求人生意義，而是要回應人生拋出的課題。**只要轉換思考方式，**就會發現生活中處處都是人生向我們拋出的課題。**

當你開始回答人生拋出的課題，將會發現新的人生意義

人生拋出的課題，並不是只有那些能夠左右人生的大事。舉凡在電車上遇到身體不舒服的人，或是在職場上遇到說人壞話的同事等，日常生活中發生的小事，也是人生在問我們：「如果是你，你該怎麼做？」

弗蘭克是如何說明人生意義的呢？

他舉了象棋為例：

對於每時每刻、每個人來說，人生都代表著不同的意義。重要的不是去定義人生的廣泛意義，而是掌握在不同狀況下、對於每個

人生的具體意義。

追求人生的意義，就像是在向象棋世界冠軍問：「最理想的一步棋該怎麼走？」每一盤棋的狀況都會因位置與對手的性格而有所不同，並不存在最理想的一步。我們也可以把這個概念套用在人的身上，因此追求廣泛的人生意義是不切實際的。

每個人都有無可取代的特點，也有自己該完成的使命，不會反覆出現同樣的狀況。人生給予每個人獨一無二的課題，也同時賦予解決課題的可能性。

摘自《意義療法的精髓》日文版33～34頁

當我們不去追問人生的意義，而是改為思考人生給我們的課題並尋求解答，就能從中發現新的人生意義。人生只會給出針對當下的具體問題，而所謂真正的人生便是要持續不斷地回答這些課題。

重點

◎人生的意義，就是在不同狀況下、對於每個人的具體意義。
◎每個人都有無可取代的特點，也有自己該完成的使命。
◎思考人生給我們的課題並尋求解答，將能發現新的人生意義。

丟掉以自我為中心的人生觀

綜觀以上內容可以發現，E先生雖然過著旁人羨慕的順遂人生，仍抱有無法滿足的空虛感，這是因為他**圍繞著個人需求與願望來建構自己的人**

生。在這種狀態下，不管達成多少人生目標、獲得多少優秀成績，依然會永遠處在無法滿足的狀態中。

雖然不容易，但是試著**拋去自我中心的人生觀，思考人生給我們的課題是非常重要的**。不去想能從人生中得到什麼，而是**轉換思考，藉由解答人生給我們的課題來發現人生的意義**，這才是脫離現狀的方法。

從勇敢的烏克蘭少年身上感受追求意義的意志

我曾閱讀過一篇與俄羅斯侵略烏克蘭相關的報導，非常適合用來解釋「追求意義的意志」，因此特別在此略做介紹。

俄羅斯軍隊的攻擊日益激烈，然而烏克蘭首都基輔仍然有許多因高齡或疾病而無法逃離的老弱婦孺與其家人滯留在前線。

一名和家人一起留在基輔的10歲少年——埃菲姆・斯雷帕庫透過社群媒體回應了來自日本的採訪：

「在這裡有很多需要我幫助的人，我想爲他們做點什麼。」

埃菲姆的父親尤利（34歲）經營著一家公司，和母親瑪里納（36歲）與弟弟、妹妹組成5人家庭。一家人留在烏克蘭的首都基輔，做著分發物資給老人的義工。身高只有148公分的埃菲姆是災區的小明星，爲老人們帶來許多溫暖。

留在基輔的人以老人居多，他們大多行動不便或患有疾病而無法逃難。埃菲姆會坐著父親尤利開的車，一天造訪7個老人的家，送去食物和藥品。母親瑪里納向記者表示：「局勢愈來愈緊張，我們也正在做逃離的準備，但是孩子希望繼續留在這裡。」

取自讀賣網路新聞2022/03/13/18:44：

https://www.yomiuri.co.jp/world/20220312-OYT1T50236/

這篇報導刊登於二〇二二年三月中旬，那之後埃菲姆與其家人是否逃離前線，我們不得而知。然而我不禁思考，當我也遇到自己或家人的性命受到威脅的狀況，我究竟能否做出和埃菲姆一樣的選擇呢？

埃菲姆的言行，可以說是弗蘭克心理學中的重要思想——「追求意義的意志」的實際體現。埃菲姆沒有被誰強迫，而是面對人生向他拋出的課題，從中感受到深刻的使命感，決定留下來幫助需要幫助的人。

第3章

從《活出意義來》
學習如何在惡劣環境中保持平常心

從書中解讀弗蘭克心理學與生命凝聚感

弗蘭克心理學與生命凝聚感的成因，與納粹的集中營息息相關。透過《活出意義來》一書可以發現，兩者皆為人在極端狀況下如何生活提供了重要建議。

近年來天災頻傳，甚至出現影響全世界的新冠疫情，這些都不斷地在提醒我們，最壞的狀況隨時都可能發生。即便不至於遇上極端狀況，書中記載的從集中營學到的處世之道，也有助於我們繼續在這壓力繁重的現代社會中生存。

本章就讓我們參考實際諮商案例，一起解讀《活出意義來》吧！

即便面臨生命危險，為何還能不吝於給予他人麵包呢？

——Q：家境不好、對人生不抱任何希望的F先生（20歲初男性）

在我高三時，父親因暴力犯罪進了看守所，家中留下需要看護的祖母和沉迷柏青哥的母親，我也在那年從高中退學，開始在工廠工作。從父親進看守所前開始，家中的經濟狀況就一直不好。除了父親的收入之外，我也得半工半讀，才能讓一家四口勉強度日。當父親進看守所的事在街坊鄰居中傳開後，我便被烙上了「犯罪者孩子」的烙印，受到眾人指指點點。最終不得已退學、辭去打工，生活變得更加艱苦。

瞭解背後緣由的高中恩師介紹給我現在這份工廠的工作。依照公司規定，高中或大學畢業後進入公司的員工，都要先在工廠工作1到3年，再依年資晉升，最後才會被派往總公司。然而我是被特別採用進公司的，因為父親的前科，我也沒有被晉升或調派的資格。

進入公司已經5年，公司派給我的業績愈來愈繁重，我常常需要加班趕工。廠長還時不時拿學歷與父親的事在大家面前取笑我，最後就連進公司不滿1年的新人也會和廠長一起開我的玩笑。

有一次，我實在忍受不了廠長和同事們的嘲笑，壓抑不了內心的怒火，朝桌子捶了一拳。這個舉動彷彿驗證了他們對我的想法，認為我控制不住自己的脾氣、身上流有犯罪者的基因，從此更加明目張膽地排擠我。

即使如此，我也盡力不將羞恥、悲傷與憤怒的情緒表露出來，而是隨時保持掩飾的笑臉，就只是希望不被認為有其父必有其子。連我都對自己這悲慘的樣子感到羞恥。

如果可以，我真希望能到一個沒有人認識我的地方生活。但是自從退學後，我就在現在這間工廠中當作業員，做著誰都可以取代的工作，沒有一技之長傍身。就算到了別的地方，想必也很難找到工作。

繼續待在這間公司，我不會有任何被提拔的機會；家中負債，也沒有餘裕讓我辭職找新工作。最近為了將來的事，我煩惱得睡不著覺。不知道自己究竟為了什麼而活，光想就淚流滿面，好想要就這麼消失於人世間。

——A：首先整理一下F先生的情形。

F先生對自己的人生感到絕望，對將來也不抱任何期待。雖然想離開家鄉、在沒人認識自己的地方重新發展，卻被家庭、負債和自己的能力問題綁住，被困在這個身不由己的環境中不得動彈。從他的講述中可以發現，他多次提到自己被稱為「犯罪者的孩子」。這也可以看出，他對於家庭與出生環境感到自卑，自我評價很低。

如果像F先生一樣，抱持著悲觀想法、甚至有想死的念頭，該如何改變思考方式、振作起來呢？

弗蘭克將自己被關押在猶太人集中營時經歷的殘酷經驗，記錄在《活出意義來》一書中，我節錄了其中一小段章節。

（前略）這不是記錄實際發生事情的報告書，而是我的個人體驗。我將在這裡介紹，自己身處集中營裡所觀察到的數百萬人的數百萬種經驗談。（中略）我描寫的苦悶或許微小，但是能夠從中觀察到，集中營的日常生活如何影響受關押的普通猶太人的心靈。

摘自《活出意義來》日文版1頁

《活出意義來》的作者弗蘭克不僅是一名心理學家，還和其他猶太人一樣受到關押，並在關押期間做著建築和鐵道建設工人等體力活。他寫這本書的目的，就是要以一名心理學家的身分，用心理學角度分析自己的經驗。有許多報告和文獻都記載了集中營的內幕，然而《活出意義來》是以心理學與精神醫學近距離地分析集中營內的人，鮮明地描寫了被關押者崩潰的精神狀態。

弗蘭克所經歷過的數個集中營，無論是否惡名昭彰，都強迫被關押者從事危及生命的勞動，而且長時間處於糧食和物資缺乏的狀態。發配的糧食從淡如水的湯配麵包，最後變成一天只發一小塊麵包。

書中描寫集中營的早晨是這樣的——

天還沒亮，無情而尖銳的起床號角響起，使我們從逃避現實的夢中驚醒，拖著疲憊的身軀，將滿布傷痕、因飢餓而腫脹的腳努力塞進濕透的鞋裡……（中略）平時正經的同伴們，將因浸水縮小而穿不了的鞋子套在手上，一邊忍著寒冷走向積雪的集合地點，一邊不住地像孩童般啜泣——那是個如此灰暗的情景。

摘自《活出意義來》日文版51頁

弗蘭克在書中如實描寫了被關押者痛苦的生活情景。

然而，即使身處在如此殘酷的環境中，仍然有一些人保持著健康的精神狀態。有的人就算生病、營養失衡，也不吝於把自己的配給麵包分給其他人；有的人身為集中營營長，卻願意自套腰包購買藥物給被關押者。

對20歲出頭的F先生而言，家庭與負債問題使他難以繼續工作。周圍沒有認同他的人、也沒有一技之長足以傍身、連晉升的機會都指望不上，卻要為了生計不得不繼續待在公司。因為父親有前科，F先生還得隨時注意自己的言行舉止，只為不被他人詬病。在這樣困難的狀況下，他會萌生想就這麼消失在人世間的悲觀心情，並不難理解。

然而即使在集中營那樣隨時處在有生命危險的惡劣環境中，也仍然出現如弗蘭克這樣的英雄人物。這樣的案例雖然極端，但或許能當成F先生思考「活著的意義」時的一個很好的參考。

究竟被關押的人們，是如何在集中營這樣惡劣的環境中，保持良好的精神狀態呢？

被篩選送往毒氣室的人們

在《活出意義來》的第5頁有一段記載：「或許是因為成千上萬的幸運巧合、又或許是因為期盼已久的奇蹟出現，我們活著回來了……」

除了集中營裡的特殊猶太管理階層「卡波」（Kapo，為納粹親衛隊效力的猶太人）以外，每個猶太人都身處隨時可能有生命危險的環境中。弗蘭克最初被帶到著名的奧斯威辛集中營，在那裡被收容的人中有95％會被直接送往毒氣室殺害，剩餘5％的人則被派去強制勞動。

去毒氣室意味著死亡，而在《活出意義來》是如此描述送往毒氣室的「篩選」機制的——

男人心不在焉地站著，用左手撐著右肘，舉著右手向這裡看。他食指輕微指向——有時向左、有時向右，但大多數是向左……

摘自《活出意義來》日文版17頁

弗蘭克在進入集中營的那晚，就察覺到男人（納粹親衛隊將校）手指移動代表的意思——被向左指的人們在當天就被送往毒氣室去了。

毒氣室中會排放齊克隆B，這是一種由氰化物製成的氣霧式殺蟲劑。納粹會用殺蟲劑來處置他們挑選出來的人，由此可以看出當時猶太人的命之輕賤。

即使在集中營失去所有，也保持對生命的高度意義感

在集中營裡，可以說幾乎沒有任何能提升生命凝聚感的要素。《活出意義來》中有一段描寫被關押的猶太人的心態變化。

正常的情緒波動正在逐漸消失。（中略）剛開始只是錯開視線，無法忍受目睹同伴受到殘酷折磨的樣子，例如：受到棍棒毆打、被迫在糞便和尿液中行走數小時。但是經過短短數天至數週的時間，他們的心態就有了變化。（中略）只要在集中營生活數週，便會習慣身邊充斥著被折磨的人、病人、將死之人，甚至是死者，逐漸變得

麻木。

摘自《活出意義來》日文版34～35頁

弗蘭克提到，情緒波動的消失，是大腦重要的自我保護機制。在這樣的狀態下，生命凝聚感中的3種感受會有什麼變化呢？

瞭解並相信自己可以掌握當前處境或今後發展的狀態，便是具有理解認知能力。很多集中營記載提到，不知道自己會在集中營待多久的不安深植在被關押者心中。在這樣的環境中，理解認知能力也會隨之逐漸喪失。

實際上，關押在集中營的時間也確實無限期地延長。對於人類這種著眼於未來生存的生物，看不到痛苦生活的盡頭將導致精神上的崩潰。

我們知道終點距離，就能跑完42・195公里的馬拉松；知道考上就能進入理想學校，就能努力唸書。試想一下，在山中迷路時，循著標記前進和毫無目的地前行，哪一種會讓你湧現動力呢？看不到終點（＝預測不到結局）的狀態，就是無法獲得理解認知的狀態。

那麼，應變處理能力呢？

應變處理能力能力會根據手上擁有的資源（能作為自己武器的金錢、權利、知識等），判斷事情是否能夠解決。而弗蘭克被強行帶到集中營，甚至被剝奪了對他來說跟生命一樣重要的手稿，就讓他感到「全身像被撕裂一般」（摘自《活出意義來》日文版23頁）。這時，心中自然會反射性地認為自己的人生就像被抹殺般，失去原有的應變處理能力。

至於意義感，是指相信人生中發生在自己身上的所有事情都有其代表意義。而弗蘭克曾說，被關入集中營的人們，無論是外表還是內在，都被拉回不成熟的狀態。話雖如此，仍有少數人的內在因此昇華了。

除了極少數例外，凡與生存沒有直接關係的事情或自身情感都會被犧牲，甚至連存在本身或自己的人格都可能被剝去存在價值。（中略）人類被視爲沒有任何意志的滅絕政策對象，他們爲了實現這一目標，採取了壓榨體力勞動的剝削政策。在這種氣氛下，讓人連自我都顯得毫無價值。

集中營裡的人們忘記了反抗、爭取奪回自己的尊嚴，他們將漸漸忘記自己理應是一個獨立的存在。

摘自《活出意義來》日文版82頁

連自我都失去存在價值，可見在集中營裡對事物抱有意義感是非常不容易的。然而繼續閱讀《活出意義來》，就能發現弗蘭克即使身在集中營，對人生仍然保有高度的意義感。

如集中營艱困的外在條件，會無情地剝奪人的理解認知能力與應變處理能力。不過只要將眼前的困境視作有意義的挑戰，保有意義感，就能積極向前行。我認為，這份意義感便是生命凝聚感的關鍵所在。

我在前一本著作《使內心堅強的「生命凝聚感」》中提過，《活出意義來》是理解生命凝聚感，尤其是其中的意義感的最佳文本。弗蘭克對人生抱有的高度意義感，展現在其想法與言行中，數次拯救了他的身心，甚至把他的靈魂從死亡深淵中救回來。

讓我們回頭看看F先生的例子。家人、負債與職場上的人際關係等種種問題，再加上他難以換新環境、新工作的狀況，使他陷入了前途迷茫的境地。可以說F先生對人生的理解認知能力極度不足。

再者，他自卑於自己的家庭環境、學歷，也覺得自己從現下這份工作沒能獲得一技之長，手上沒有解決眼前問題的資源（同伴與武器），導致應變處理能力不足。

那麼，他的意義感又是如何呢？

從F先生認為他在工廠「盡是做一些沒什麼技術活的單純作業」，就可以看出他對自己的工作並不自豪。指望不上升遷，卻還得繼續做著他認為沒有意義的工作，這讓他對自己的人生無法抱有意義感。

雖然與F先生在時代或情況上均不相同，但是支撐著弗蘭克在經歷撕裂全身的悲痛、時常得在危機生命的情況下勞動還能倖存下來的原因，必定跟生命凝聚感中的意義感有著深刻關聯。

我們如何像弗蘭克一樣，在極端的環境中也能保有對人生的高度意義感呢？究竟他是怎麼做到的？

建構在意義感上的「有意義的死亡」

弗蘭克在書中寫到，在奧斯威辛集中營，他經歷了不只一次的篩選場面（是否要被送去毒氣室），最後只能選擇聽天由命。聽天由命聽起來十分消極，但是在隨時可能喪命、無法控制的情況下，也只能這麼做了。

即使如此，我們還是可以觀察到，當弗蘭克在做種種決定時，必定依據其哲學觀（以意義感為基礎，判斷事物對自己的價值）。弗蘭克曾在一篇採訪中如此說道：

> 無論活下去的可能性爲何，我都覺得我有責任盡己所能來延續生命。

不只如此，他還對自己說應該怎麼做——

你一直都在探討、書寫關於人生的事，甚至是人生的意義。還說過人生意義是無條件存在、無論什麼狀況下都不會消失的。要是有無法逃離的痛苦，那份痛苦對我的人生也應當有其含義……維克多，換你來接受人生的挑戰吧！

摘自《弗蘭克心理學入門》日文版69頁

前者是弗蘭克對維持生命的誓言；後者則是關乎人生觀、靈魂，是意義感的基礎所在。

弗蘭克也這麼說過：

對我們來說，重要的是「死亡由自己決定」，而不是納粹親衛隊能強行施予我們的。

摘自《向生命說ＹＥＳ！》日文版136頁

「有意義的死亡」是在集中營面對各種抉擇時的一個重要方針。

弗蘭克在被派到夜勤勞動部隊時，覺得死神可能就快降臨在自己身上。當時負責醫療的主任問他，願不願意前往專門收容斑疹傷寒病人的集中營當醫生，他便因為一個想法，不顧身邊友人的反對，當場答應了。

就算死，我也要死得有意義。不管怎麼想，當醫生醫治生病的同胞，比做自己不擅長的建築工人，還要有意義得多。

摘自《活出意義來》日文版81頁

弗蘭克認為自己的選擇並非英雄式犧牲，只是單純比較而來的結論。然而，能夠立即下這樣的決斷，想必他曾無數次問自己「什麼是有意義的死亡」吧。

「有意義的死亡」和「人生意義」是一體兩面的。弗蘭克在先前的採訪中（94頁）得出了在集中營的人生意義。大部分被關押者都認為：「如果沒辦法活著離開集中營，現在所受的一切苦痛都毫無意義。」然而，弗蘭克反而如此想：**「不只是過著積極或安逸的生活才有意義，真正地受苦也能為精神帶來昇華。」**

這樣的思考方式套用生命凝聚感，可以歸納出弗蘭克擁有對人生高度的意義感，意即認為發生在自己身上的所有事情都有其意義。

不僅如此，他認為有意義的死亡——也就是人生意義，是建構在對人生高度的意義感上。

活著就要回答人生的課題

《活出意義來》一書中充斥著弗蘭克心理學的精華。在集中營的生活，會讓人失去生存的目標，找不到存在的意義與努力的方向，對人生不再抱有任何期待。弗蘭克在書中寫下該如何面對這樣的想法——

我們需要倒轉視角，來看待人生的意義。重要的不是我們對人生的期望，而是這一切都與生活對我們的期望有關。我們必須將這個訊息傳達給對人生不抱期待的人們。（中略）活著，就有義務回答人生的課題，完成人生賦予的任務及每時每刻的要求，除此之外別無其他。

摘自《活出意義來》日文版129～130頁，底線爲原作者所記

底線部分即是上一章講述的弗蘭克心理學重點之一——人是為了回應人生拋出的課題而存在的。弗蘭克也強調，人生拋出的課題會因人或時期不同而有所變化，並且是以具體形式出現，以不同狀況引導每個人做出不同的抉擇、成就不同的命運。

然而，在如集中營一般隨時有生命危險的條件下，人的精神（靈魂）能不屈服於這種獨特的社會環境嗎？弗蘭克表示，雖然為數不多，但是仍然有人在極端情況下直到最後都保有精神自由。

只要待過集中營的人都知道，在集合場和宿舍仍有人會友善地打招呼、將微薄的麵包分給他人。即使這樣的人是少數，但不可否

認他們確實存在，證明人們被塞進集中營這樣惡劣的環境中、被剝奪一切，依舊能決定自己在身處環境中該如何自處，這是身爲人所僅剩的自由。

摘自《活出意義來》日文版110～111頁，底線爲原作者所記

身在集中營，內心無時無刻都要被迫做出各種痛苦的決斷。弗蘭克認為，「認真的痛苦」能讓我們在痛苦中找到意義，進而推衍出總體的人生意義（包括生與死）。基於這個理念，他不再壓抑內心的痛苦，也不去模糊焦點，而是把痛苦這件事作為一個意義深遠的課題。

學著以「任何事都有其意義」思考

在我作為諮商師的職業生涯中，聽過無數將「活著沒有意義」、「我想死」等負面字眼掛在嘴邊者的故事，他們的話語總是讓人聯想到自殺。我的工作就是盡力去化解他們想自殺的念頭。然而，我時常被反問：「為什麼要阻止我呢？」

我們反射性地會去阻止他人輕生，但是他們認為，自己的生命應當由自己決定。

如果深入挖掘，我們會發現想自殺其實是一種判斷力不佳的狀態。還有精神病學證據表明，人們在嚴重憂鬱或處在混亂狀態時，會無法做出適當決定。

話雖如此，我們用精神病學的論點來回答這些人，也無法獲得他們的共鳴。

身為一名諮商師，我長期以來一直在思考，如何向正在考慮死亡的人傳達生命的意義。究竟我該怎麼回答「為什麼要阻止我？」這個問題呢？

經過一番思考和研究，我認為弗蘭克心理學和意義感將是這答案的一大線索。

前面提到，弗蘭克面臨過兩個選擇——去夜勤的勞動部隊做艱苦的建築作業（等同直接送死），或是前往專門收容斑疹傷寒病人的集中營當醫生。不管選哪一條路，或許都免不了一死，但他當下就下定決心作為一名醫生而死。

對他而言，這就是一次有意義的「生」與「死」。

除非處於死亡不可避免的境地，在此之前都應以「生存」為前提做出選擇。換言之，「自殺」從一開始就不是一個選擇。

因此，弗蘭克的選擇不可能是自殺（送死）。

> 自殺是違反人生法則的。人生的法則並非要求我們百戰百勝，只希望我們持續奮戰、不輕言放棄。
>
> 摘自《向生命說ＹＥＳ！》日文版46頁

我們雖然無法預知未來，但回想過去，有時候會有一種還好當時自己沒有選擇走上絕路的慶幸。我看過很多這樣的案例。

如果正經歷風暴時選擇一死，只會造成無法挽回的後果。要想得到幸福，就必須先度過難關。即使現在情況艱難，也要生存下去，正視自己經歷的風暴，將眼前發生的事情視為人生拋出的課題與考驗。

當一個人能夠賦予眼前的困難意義時，他的生活就會變得更加豐富，生命凝聚感也會增強，從而進入一個良性循環，同時開始明白對自己來說什麼是幸福。

在這邊稍微聊一下題外話。

對於那些以一己之力難以改變環境、最後因霸凌而選擇自殺的國高中生，我都會感到非常惋惜。

或許對有些人來說，自殺是種禁忌，認為只要離開學校就好，換作是自己就不會做出這種行為。然而，會選擇自殺的國高中生，必定處於生命凝聚感低、對人生感到絕望的狀態。他們的人生經驗不足，加上周圍沒有能幫自己的成年人（＝應變處理能力不足）；無法客觀俯瞰自己的人生，無法想像自己能有突破困境的一天（＝理解認知能力不足）；對自己的人生感到失望，無法抱有人生意義感……這些原因致使他們選擇自殺這種極端結局。

或許有人會責備他們不珍惜生命，但很多事情是無法用三言兩語就概括的。對於這些不被周圍成年人重視、又無法自己掌控人生的青少年而言，自殺就是他們努力得出的悲傷結局。

因此，我希望F先生能知道，未來某一天當他度過眼前的困境後，回頭看現在的自己，必定會慶幸當時沒有選擇走上絕路。「想就這麼消失在人世間」的心情，和「想變成全新的自己」是一體兩面的。

F先生正處在艱難的環境中，但是必須堅定地面對想消失的念頭，釐清產生負面想法的理由，分類成「自己能改變的」和「自己不能改變的」，然後試著不去執著不能改變的部分。舉例而言，父親有前科是無法改變的事實，而雖然馬上換工作對他而言不容易，不過他可以從學習一技之長開始改變，朝著轉職努力。

Ｆ先生其實還有屈就現在環境以外的選擇，只要仔細思考人生正在拋出什麼課題，並用勇氣和良心回答，就能找到生命的意義。

就算沒有面臨猶太人集中營這般極端的環境，我們也有可能遇到和Ｆ先生一樣不知如何是好的痛苦場面。弗蘭克說，這就是人生在向我們出題，考驗我們如何面對那份痛苦。只要我們能從人生給我們的課題中找出生存的意義，就能提升對人生的意義感；而意義感連接的，就是我們「生存的力量」。

下一章，我將介紹使內心變得更堅強，進而克服困境的實踐方法。

第4章

以生命凝聚感與弗蘭克心理學進行自我訓練

實踐篇

掌握人生祕訣的方法

前幾章介紹了生命凝聚感與弗蘭克心理學的本質，本章我們將探討如何將這些知識實際應用在現實生活中。使用第一章中介紹的案例，配合實戰練習，能夠學到在困境中以積極態度生存的人所擁有的終極人生祕訣。

瞭解自己的生命凝聚感程度

首先，讓我們算出自己的SOC（Sense of Coherence，生命凝聚感）值。

簡易版「SOC量表」出自《應對壓力SOC——創造健康、健康

生活的力量及其應用（ストレス対処力SOC——健康を生成し健康に生きる力とその応用，暫譯）》一書，有13個項目，為檢查我們對人生感受的指標。回答這份量表，有助於更具體地掌握構成生命凝聚感的3種能力，推薦各位試試。

13個項目對應的生命凝聚感能力如下：

◎理解認知能力：2、6、8、9、11

◎應變處理能力：3、5、10、13

◎意義感：1、4、7、12

據統計，回答問券的日本人平均分數為59分，隨著年齡愈大、SOC得分就愈高，跟男女、居住地區無關。

13項目簡易版SOC量表

1	您對自己周圍發生的事情漠不關心。								
	（完全沒有）	1	2	3	4	5	6	7	（時常如此）
2	您是否曾對自認為很熟悉者的某個意外行為感到驚訝？								
	（完全沒有）	1	2	3	4	5	6	7	（時常如此）
3	您曾經對信任的人感到失望嗎？								
	（完全沒有）	1	2	3	4	5	6	7	（時常如此）
4	直至目前為止，您的人生是否設立過明確的目標或目的？								
	（完全沒有）	1	2	3	4	5	6	7	（有）
5	您是否曾經認為自己受到不公平的對待？								
	（時常如此）	1	2	3	4	5	6	7	（完全沒有）
6	您是否曾經處於陌生的環境中，有不知道該怎麼辦的感覺？								
	（時常如此）	1	2	3	4	5	6	7	（完全沒有）
7	您每天所做的事情都會帶給您……								
	（快樂與滿足）	1	2	3	4	5	6	7	（痛苦而無聊）
8	您曾經感到思緒與心情非常混亂複雜嗎？								
	（時常如此）	1	2	3	4	5	6	7	（完全沒有）
9	您是否有時會感受到一些真的不想體會的情緒？								
	（時常如此）	1	2	3	4	5	6	7	（完全沒有）
10	即使是最堅強的人，有時也會覺得自己不夠好。 您有沒有曾經覺得自己不夠好？								
	（完全沒有）	1	2	3	4	5	6	7	（有）
11	當某件事情發生時，您通常會……								
	（高估或低估）	1	2	3	4	5	6	7	（適當地評價）
12	您是否曾經認為日常生活毫無意義？								
	（時常如此）	1	2	3	4	5	6	7	（完全沒有）
13	您是否有時覺得自己可能無法保持自制力？								
	（時常如此）	1	2	3	4	5	6	7	（完全沒有）

出處：《應對壓力SOC——創造健康、健康生活的力量及其應用》山崎喜比古、戸ヶ里泰典、坂野純子編著

SOC得分算法

請以8剪掉圈起的數字，得出分數。例如圈數字1，得分即為8-1=7；依此類推，圈數字2得分6、圈數字3得分5、圈數字4得分4、圈數字5得分3、圈數字6得分2、圈數字7得分1。

理解認知能力（1～35分）					小計
② →	6	8	9	11	

應變處理能力（1～28分）				小計
③ →	5	⑩ →	13	

意義感（1～28分）				小計
① →	4	⑦ →	12	

SOC得分合計

分

平均分數	
理解認知能力	22.32
應變處理能力	17.32
意義感	19.35
合計	58.98

※平均分數僅供參考。

出處：《應對壓力SOC——創造健康、健康生活的力量及其應用》山崎喜比古、戸ヶ里泰典、坂野純子編著

再次強調，這份測試主要是希望幫助各位掌握生命凝聚感的概念，得分只是作為參考。認識自己的強項與弱項，能更有效地訓練生命凝聚感。

以工作壓力模型整理煩惱

每個人或多或少都有煩惱，各位對自己的煩惱有清楚的認知嗎？

你是否能用言語敘述自己煩惱的原因，以及它是如何影響你的思想、身體和行為的；又或者，你是否能分析自己的性格、行為和所處環境，與目前的煩惱有何關聯？

我在做諮商時，許多人會用「鬱悶」或「焦躁」來表示他們的感受，而這些都是內心對壓力的反應。當遇到某些壓力源（如：環境或意外），壓力反應就會表現在內心、身體或行動上，讓人感到鬱悶或焦躁。

接受心理諮商就是為了找出鬱悶和焦躁的成因。第一步，我會和委託人一起試著用語言來整理和歸納，**將煩惱用語言表達出來**。這是非常重要的，**如果單純空想，並不能確切地解決煩惱**。

接下來，就用第1章介紹過的「工作壓力模型」（26頁），測試並掌握自己的狀態。

在此重述，圖表的縱軸顯示壓力的進展，從引發急性壓力反應（如：

憂鬱、不適、曠職等）到發展成需要就醫的疾病（如：憂鬱症）；橫軸上則列出影響壓力反應的個人因素（如：年齡、性格、價值觀或生命凝聚感等），以及工作以外的因素（如：來自家庭的期望）、緩衝因子（如：來自上司、同事或家人的支持）等。

我先以第1章A小姐的案例（28頁）來示範如何運用工作壓力模型來整理壓力狀態，內容統整如下：

——A小姐的諮商內容

我每天在公司都面臨各種煩心事，下班後煩惱也在腦中揮之不去。其中最困擾我的是同組前輩。前輩總是陰晴不定，時常因心情改變說過的話。當前輩心情不好時，即使我按照指示做出資料，依然會被打回票，詢問為什麼也得不到原因，每次都得小心翼翼地看前輩的臉色。我想只要我還跟前輩一組，這樣的情況應該會一直持續下去吧。

最近，我開始覺得看前輩臉色工作很沒有意義，希望換到可以改善工作方式、並能持續自我成長的環境中。

但是，就算和旁人商量，也只會得到「想太多了啦」這種輕描淡寫的意見。無論是下班後或假日，我都一直為職場上的事而焦慮不安，身心都無法好好放鬆。想到未來，心中更是籠罩著厚厚的陰影。

我該怎麼做，才能對工作和生活保持更加安定的心態呢？

在縱軸上按時間順序列出自己的狀態

◎縱軸（壓力源↓壓力反應↓造成疾病的可能性）……理解認知能力

在工作壓力模型的縱軸上，按時間順序列出自己的狀態，有助於掌握「現在」，用語言整理出究竟是什麼壓力源、造成什麼壓力反應，進而影響自己的身心和行動。客觀地掌握自己的狀態，能有效增強理解認知能力。

前來諮商的人，多半對過去充滿悔恨、擔憂要面臨負面的未來，而忽略了現在。

以A小姐的情況來說：

【壓力源】職場環境（與同組前輩之間的人際關係）

【壓力反應】不安、無法好好放鬆心情、憂鬱

【造成疾病的可能性】壓力反應若繼續下去，有可能造成憂鬱症等心理疾病

以橫軸整理3種能力

◎橫軸（個人因素、工作以外的因素、緩衝因子）……理解認知能力、應變處理能力

橫軸上，影響壓力反應的因素有3部分。即使遇到相同壓力源，也會因為這3個因素而出現相異的壓力反應，其中個人因素影響最大。

遇到壓力事件時，如何處理並看待，很大程度取決於每個人的性格（思考方式、價值觀等）。遇到工作之外的壓力事件，例如：照顧年邁患病的家人、小孩要參加大考等，有可能增加壓力反應；相反的，如果獲得上司、同事或家人的聲援與幫助，壓力反應便可能減輕。

以A小姐的情況來說：

【個人因素】年齡、性別或性格（價值觀、想法或生命凝聚感）等

被說「想太多」的A小姐，是個什麼樣性格的人呢？就我在諮商時的印象，A小姐是個為人著想、認真工作的人。同時，她也是個不善於表達自己意見的人，有時容易膽怯，個性嚴謹造成她容易自責。

個人因素中的性格，會受生命凝聚感或自我肯定感高低的影響。生命凝聚感高，壓力源產生的壓力反應較輕。

【工作以外的因素】家庭育兒與護理

30歲以後，遭遇人生大事（如：死別、離婚、照顧長輩、結婚生產等）的機會會大幅增加，這也可能成為壓力來源。我們在應付人生大事時，會消耗不少能量。這裡不單指喪事，結婚等喜事也會給身心帶來不小的負擔。

雖然A小姐在這次諮商中沒有提到工作以外的因素，不過請各位在運用工作壓力模型整理煩惱時，也不忘確認工作之外的壓力影響因子，客觀掌握全局。

【緩衝因子】朋友、家人的支持等

此因子與生命凝聚感中的應變處理能力有關。幫助我們的人，等同於我們的「資源」。

A小姐的案例中，雖然她因為被朋友說「想太多」而感到難過，但是至少還有可以商量的對象。在這次的諮商中，我建議她也找上司談談，如果能獲得上司的幫助，想必A小姐能更加安心。

——A小姐的結果

最終，A小姐透過一系列關於生命凝聚感的問答，以及運用工作壓力模型掌握當下狀況，推論出自己真正不喜歡的究竟是什麼。

表面上，A小姐不喜歡的是跟前輩的關係，但實際上就如同她所說：「希望換到能持續成長的工作環境。」她真正不喜歡的是自己的成長受到阻礙。

仔細思考工作壓力模型的橫軸（個人因素、工作之外的因素、緩衝因子），可以大致抓出人生的大綱。透過掌握人生大綱，就可以檢視理解認知能力與應變處理能力。

經由這次諮商，A小姐瞭解到和前輩間的不愉快應該跟誰求援。

上司或更資深的前輩在資歷上更有話語權，是很好的商量對象。有些職場的氛圍或許不太開放，很難直接與前輩或上司商量；然而，如果明確知道自己的壓力源，就應該先與上司商量。如果上司就是你的壓力源，請與更高層的主管或人資部門商談。透過與上司商量，能同時知曉公司的態度，藉此判斷自己的下一步、制定具體的對策和計畫。

A小姐將她與前輩的相處問題和上司商量後，上司便表示理解，並為沒能及時發現而感到抱歉，還承諾盡快改善目前的分組狀況。

A小姐之後也表示：「透過這次經驗，我意識到想要改變環境，鼓起勇氣向合適的人商量非常重要。」

重點

◎依工作壓力模型縱軸，按時間順序排列至今為止發生的事，掌握現狀。

◎依工作壓力模型橫軸，分析影響壓力反應的原因。

◎掌握現狀，進一步改變所處環境。

以認知行為療法來修正看待事物的方式

接下來，讓我們透過B先生的諮商內容（37頁），學習如何修正自己看待事物的方式。

——B先生的諮商內容

我需要在每週一會的部門會議上發表目前的工作進展。儘管這是個偶爾說笑、氣氛輕鬆的例會，但對我而言，輪到自己發表的時間就像地獄一般痛苦。

高中時期，我曾在眾人面前發表時失誤，被老師指責怎麼這麼簡單的事也不懂。從那時起，在人前發言就成為我最恐懼的事，出了社會也一直無法克服。就連現在在公司裡，我也盡量選擇不需要當眾發言的職位。

想必多數人在人前發言都會感到緊張，但是我的情況已經不僅是怯場，而是會腦中一片空白、瘋狂冒汗。看著我如此緊張的樣子，上司鼓勵我：「多經驗就能克服的，加油啊！」我卻總是忍不住覺得，包括上司在內，所有與會者都在暗自取笑我。

到後來，我不僅沒有克服在人群前發言的恐懼，反而每次會議前都愈來愈緊張。每每會議臨近，我都腹痛不已。這樣的自己讓我覺得很丟臉，卻不知道該如何是好。

B先生畏懼在人前發言，壓力大到甚至會反映在身體上，發表前就開始擔心：「萬一失誤怎麼辦。」腦內一片空白，可見B先生很可能患有社交恐懼症；另外，從生命凝聚感的觀點來看，他的理解認知能力也處於不足的狀態。

第1章中，我提到了提高理解認知能力、拋去完美主義的思考方式。擁有類似社交恐懼症症狀的人不少見，我也曾諮商過許多這類型的人。他們的症狀雖然比B先生輕微，但也對於在人前發言、與陌生人交流抱持著強烈的不安，擔心旁人對自己的評價。

判斷社交恐懼症的基準，在於不安感是否影響到日常生活或工作。

不論是否被醫師診斷為社交恐懼症，只要過於在意他人對自己的評價，就會難以應付各種社交場合而造成困擾。然而，**多數情況下，「他人對自己的評價」都並非「客觀評價」，而是自己的「負面想像」**。也就是說，**其實是自己對事物的看法（＝認知）有所偏頗所致**。

回到B先生的案例。

Ｂ先生在發表時，因過度在意旁人眼光，看到交頭接耳的同事，就覺得對方一定在嘲笑滿頭大汗的自己；看到撐著下巴的同事，就認為對方想必覺得自己的發言十分無聊。這種對事物瞬時浮現腦海的解釋或認知，稱為**自動化思考**，會因每個人的**慣性（＝認知模式）**而有所不同。

Ｂ先生因慣性負面思考而做出消極行動，即為認知扭曲狀態。偏頗的認知容易產生不愉快的情緒，對人際關係造成負面影響。

以Ｂ先生的情況來說：

【事情的緣由】同事在Ｂ先生發表時交頭接耳。

【自動化思考】認為自己汗流浹背的樣子引人發笑。

【情感】不安、悲傷和憤怒等負面情緒湧上心頭。

【行動】採取盡力避開發表的消極行動。

若持續這種思考行為模式，發表前害怕失敗的焦慮感就會反覆出現，遇到類似情況便會再次陷入極度的不安。

有社交恐懼症或憂鬱症傾向的人，容易出現認知扭曲或偏見。不過一般人也會在缺乏自信或感到疲倦時，以消極的方式解釋事物。

「認知行為療法」會訓練從多個角度看待事物，可有效矯正認知扭曲。

許多研究結果證明，由認知治療和行為治療組成的認知行為療法，能有效處理不同種類的情緒困擾，對治療憂鬱症有很好的效果，被廣泛應用。就算沒有罹患憂鬱症，也可以應用在壓力管理上。

認知行為療法能矯正「讓自己不愉快的對事看法」（偏頗的認知），更加客觀地看待事物，進而發現其他可能性。

以B先生的情況來說：

【事情的緣由】同事在B先生發表時交頭接耳。

【自動化思考】認為自己汗流浹背的樣子引人發笑。

讓我們來思考並列出其他可能的看法：

【可能性A】同事可能只是在聊別的事情。

【可能性B】同事驚訝於B先生滿頭大汗的模樣，並感到擔心。

只要換個思考方式，B先生可能就會有不一樣的反應：

【情感】情緒不會起伏過大。

【行動】不再過於緊張，當有機會發表演說，會試著挑戰。

透過認知行為療法，試著發現負面解釋以外的可能性；只要改變自己的慣性認知，就能從被負面情緒支配的情況中解放，逐漸改善行動。

圖A　認知行為療法

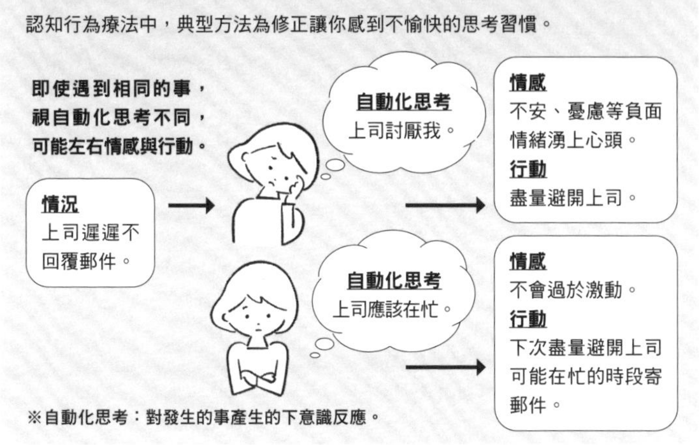
認知行為療法中，典型方法為修正讓你感到不愉快的思考習慣。
即使遇到相同的事，
視自動化思考不同，
可能左右情感與行動。
情況
上司遲遲不
回覆郵件。
自動化思考
上司討厭我。
情感
不安、憂慮等負面
情緒湧上心頭。
行動
盡量避開上司。
自動化思考
上司應該在忙。
情感
不會過於激動。
行動
下次盡量避開上司
可能在忙的時段寄
郵件。
※自動化思考：對發生的事產生的下意識反應。

接下來，讓我們照圖A～D的指示，練習認知行為療法。

首先，圖A介紹如何修正讓自己不愉快的慣性思考。

假設各位遇到上司一直不回覆的情況，腦中會浮現什麼想法呢？想必會是「上司討厭我」或「上司應該在忙」吧。自動化思考多與內心深處對自身的印象或價值觀有關，沒自信、怕被否定者容易在得不到及時回覆時下意識認為自己被討厭。這種偏頗的自動化思考大多生於負面妄想。

圖B　認知行為療法的效果

上司遲遲不回覆郵件。
偏頗的自動化思考
現實的自動化思考
上司討厭我。
修正
上司應該在忙。

◆重點◆

讓自己不愉快的原因，來自於「感覺被討厭」的自動化思考。

試著將思考模式修正為更實際的「他應該在忙」的自動化思考。

經過修正後，觀察自己的情感有什麼變化。

將自動化思考由偏頗修正為貼近現實（＝適切的認知），可以擺脫負面情緒。

圖B介紹如何修正讓自己不愉快的思考方式。

腦中會一直浮現不愉快想法，是受自己的慣性思考所影響。透過認知行為療法反覆修正偏頗自動化思考，就能讓自己的思考變得實際且正面。

舉例而言，當下意識浮現「上司討厭我」的想法時，可客觀地反問自己：「難道沒有別的可能性嗎？」如此，腦中就會浮現如圖B的其他結論：「上司想必是在忙吧。」若是不實際而偏頗的自動化思考，會像圖A

圖C　認知行為療法訓練

認知行為療法中，典型方法為修正讓你感到不愉快的思考習慣。

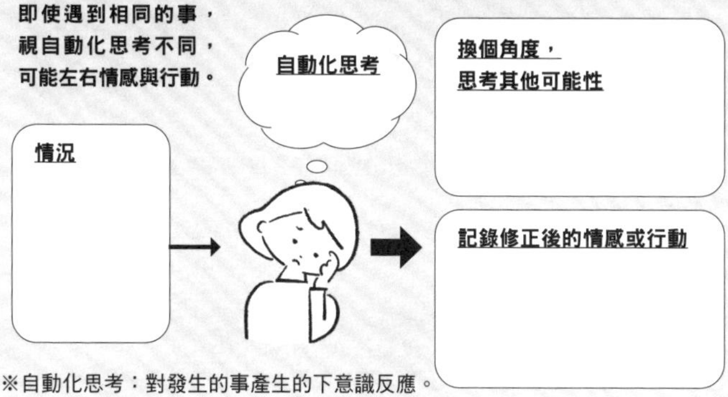
即使遇到相同的事，
視自動化思考不同，
可能左右情感與行動。
自動化思考
換個角度，
思考其他可能性
情況
記錄修正後的情感或行動

※自動化思考：對發生的事產生的下意識反應。

那樣受負面情感支配，言行變消極。

瞭解後，跟著圖C一起練習吧。

請在圖C空格中隨機寫下曾發生的事，以及腦中當時浮現的自動化思考（對事情下意識的想法）。如果那時浮現的是負面想法（偏頗的自動化思考），請記下從其他角度思考的可能性。

這裡要注意的是，我們不用極力將偏頗自動化思考轉為正向，而是要修正成現實且客觀的自動化思考。

最後，寫下修正之後自己的情感與行動上的轉變（或將如何轉變）。

圖D　產生偏頗自動化思考的原因

產生讓自己不愉快的自動化思考的原因，可歸類為10種特有模式（＝錯誤的推斷，理論出自認知治療之父亞倫・貝克）。不以事實判斷事情，而是自己採取了錯誤的詮釋，就會產生偏頗的自動化思考。我們可以透過理解這幾種特有模式，發現自己思考的偏頗之處並加以改善。
以下列舉幾種容易產生憂鬱症等身心問題的代表例子。

◆黑白思考
非黑即白思維模式的完美主義者，認為如果不是百分百完美，就跟失敗沒有兩樣。
例如：被指正微小失誤，就會認為沒有做到完美的自己是沒價值的。

◆過度概括
過度概括的人會把單一負面事件看成是永無止境的失敗，而非認為純粹只是意外，總將「大家都……」、「一定是……」當成口頭禪。
例如：傳訊息給喜歡的人卻沒得到回覆，就認為自己一定一輩子都不會被人喜歡。

◆有一套認為理所當然的標準
對自己與他人有一套認為理所當然的標準、必須或應該這麼做；當對方沒有達到標準，或沒有照自己的想法行動，便會感到憤怒或沮喪。
例如：結婚之後，就認為假日必須跟家人一起度過。

◆負面思考
即便遇到好事，也會往壞的方面想；對壞的一面很敏感，反而容易忽視好的一面。
例如：考試取得好成績，卻認為其他人一定花更短的時間或精力就取得不錯的成果。

◆貼標籤
創造一個負面的自我形象，並對自己感到萬分失望。
例如：被客人指責，就覺得自己本身就不討喜。

◆妄下結論（想太多）
對任何事物都無意識地下最壞的結論，讓自己膽戰心驚。
例如：聽到上司要找自己談話，下意識就覺得自己要被裁員了。

參考文獻：《圖解 超好懂認知行為療法（図解 優しくわかる認知行動療法，暫譯）》福井至、貝谷久宣監修，58～61頁

圖D介紹了產生偏頗自動化思考的幾個原因，供各位參考。

回到B先生的案例，B先生後來被診斷出患有社交恐懼症。社交恐懼症的治療方式並非完全消解不安，而是以能與不安和平共處為目標。因此，B先生和上司商量後，決定暫時不在會議中發表進度。

透過理解自己心中的不安，B先生的心態漸漸從逃避轉為積極希望自己能習慣在人前發言，並期待有一天再次站在眾人面前自在發表。他目前正透過認知行為療法，摸索能與自己內心的不安和平共處的方法。

重點

◎透過認知行為療法，瞭解什麼樣的思考習慣會讓自己不愉快。
◎試著找出其他看待事情的方式。

學習 I message——表達想法又不惹對方不快

這一節，就透過C小姐的案例（43頁）來學習如何表達吧。

首先大致回顧一下C小姐的諮商內容。

——C小姐的諮商內容

我在新調到的部門偶遇大學時代不太喜歡的前輩，還被分派為工作搭擋。前輩好於戲弄好捉弄的人、引周圍人發笑，內向的我從學生時代就經常被前輩戲弄。

調到新部門後，時隔多年我又再度受前輩戲弄的洗禮，前輩的針對造成我的困擾，也讓我在公司很難做人。即使跟同事商量，同事也不以為意，只認為他對我的行為只不過是有愛的捉弄。

更困擾我的是，每當我將整理好的企劃案或點子跟前輩說，前輩都會打著「我來幫妳的企劃案收尾！」的旗幟，把我做好的企劃案拿走。沒過多久，那本應該屬於我的企劃案就被他稍作更改，當成自己的想法在會議上發表。看著被上司稱讚的前輩，我卻什麼都說不出口。他還會回頭對我說：「交給我是正確的吧！」真的不知道他到底懷著什麼心眼。

我現在只能認為是我運氣太差，正在認真考慮換工作。

困擾C小姐的是前輩的戲弄，與自己的企劃案被搶走。難以判斷前輩是否有惡意，也無法將自己的感受告知對方。姑且不論前輩是否懷有惡意，C小姐都遭受心靈創傷，只能寄望快點換工作。她眼下最需要做的，其實是好好將自己的感受傳達給前輩，意即在不傷害或攻擊對方的前提下，同時陳述出自己的意見。

第1章中，我介紹了可以使用以「我」為主詞的「I message」。這邊就來教大家如何練習使用I message。

通常以「你」為主詞的言語，會讓人感受到攻擊性。也就是說，You message中其實隱藏著話中話。

例：「這個商品挺貴的。」

（話中話＝我不覺得這個商品值這個價錢。）

若將這句話變成I message，應該這麼說：

「這個商品價格有點高，能否告訴我它的特點呢？」

現在，請各位思考以下對話（※提供的回答範例僅供參考）。

I message練習

★I message：以「**我**」而非「**你**」為主詞
如果對方的話讓你覺得強硬，可能是因為他的話隱含以「你」為主詞的情況。
下面例句中藏有什麼話中話呢？將其轉換成I message會有什麼改變呢？
例：「這個商品挺貴的。」（話中話＝我不覺得這個商品值這個價錢。）
轉換成I message：這個商品價格有點高，能否告訴我它的特點呢？

練習1
「怎麼又錯了？」（話中話＝怎麼這麼簡單的事也會重複出錯，到底在幹嘛啊？）
轉換成I message：

練習2
「怎麼又在吃？」（話中話＝　　　　）
轉換成I message：

例：「怎麼又錯了？」
（話中話＝怎麼這麼簡單的事也會重複出錯，到底在幹嘛啊？）
轉換成I message：
「這部分出了好幾次錯，是不是狀態不太好呢？我有點擔心。」

接著，請將身邊發生的事用You message舉例，並換成I message。

You message：
（話中話＝

※如果是其他人對自己說的話，請想像那個人的話中話。）轉換成I message⋯

自己是否會無意識引誘對方攻擊？

接下來，讓我們回到C小姐的案例。

另一個希望C小姐注意的是，從C小姐提到的：「內向的我受到前輩的戲弄，即使跟同事商量，也只會被認為他對我的行為只是有愛的捉弄。」可以發現，像C小姐這樣類型的人，容易引起周圍人的誤解。

C小姐多半因為對方是前輩，而對其戲弄絲毫不敢反擊，只能笑著掩飾自己的不愉快。然而面帶笑容的C小姐，在旁人看來只覺得她並不對這樣的待遇反感。

當面對兩種相互矛盾的認知，我們往往會處於一種不愉快的心理狀態，並試圖解釋和正當化這種情況。美國社會心理學家利昂・費斯廷格（一九一九～一九八九）稱這種不愉快的心理狀態為「認知失調」。

認知失調可能發生在C小姐本人身上，或目擊C小姐遭遇戲弄的周圍人身上。C小姐對前輩的言行感到不愉快，卻不敢明說，只能以「沒辦法，我畢竟是後輩，不能忤逆前輩」等自我解釋來平衡內心的認知失調。像C小姐這種類型的人，很可能認為只要自己忍耐，一切都會過去，而死命地壓抑情緒。這是因為她不想破壞周圍氣氛、不想惹前輩生氣。

然而，一味地忍讓可能讓周圍人覺得**「怎麼對待這個人都沒關係」**。不管被說什麼都不反擊，在他人眼中就像是你在無意識引誘對方攻擊。

若想改變現狀，一定不能習慣於這樣的關係。

周圍人目睹C小姐雖然不喜歡被戲弄，卻因為身為後輩而不敢吭聲，便會以「C小姐可能沒那麼討厭這樣的待遇」、「可以開C小姐玩笑」等解釋來平衡內心的認知失調。人們會為了讓自己接受現狀，而以偏頗的解釋來應對發生在自己身上或周圍的事物。

學會說「NO！」聰明反擊

C小姐究竟該怎麼做呢？

如果發現自己陷入討厭的處境當中，即使會破壞氣氛也應該反擊。**就算是開玩笑，會侮辱、抹黑他人就代表他根本不尊重對方。既然如此，何必萬般忍讓、討這種人歡心呢？**

心中必須明確畫一條反擊底線（＝不能容忍的界線），例如：有人侮辱我的人格、工作或重視的人，我就要反擊。而反擊的重點，在於明智地說：「NO！」

◎不要露出友善的微笑或大笑等示弱的表情↓做出這種表情，對方就會解釋成你並不討厭他。

◎不要帶著情緒爭論↓對方就是希望看到你情緒化的反應。

◎深呼吸後，用嚴肅的表情詢問：「這是什麼意思？」並針對其回答進一步確認：「你的意思是這樣嗎？」↓深呼吸後問話，讓對方的攻勢暫緩，並讓周圍的人認知到對方的話語很傷人。

◎如果對方仍不停止攻擊，就用嚴肅的語氣說：「你剛才的話真的傷害了我。」然後離開現場↓將此當作最後手段。

無論用哪一種方式，都不要在對方面前表現出動搖或過度激動的反應。可以試著放緩說話語速，或在語句之間稍作停留。

做以下準備，有助於關鍵時刻聰明地說「NO！」：

①事先設定反擊底線。

②面對對方的攻擊，事先想好要以什麼表情或聲調回應。

③在腦中模擬數種對方攻擊的狀態，並假想自己的應對方式。

例：

①戰鬥（反問）：「這是什麼意思？」

②逃離（告知對方）：「你的話傷害到我了。」（說完離開現場）

可以將自己的台詞、表情、音調、速度錄下來，或看著鏡子練習，進行腦中模擬。想好處理方式可提升理解認知能力；這麼一來，即使遇到突發狀況也能客觀分析。

有存在價值者不該被怠慢

——後來的C小姐

C小姐不只在被前輩戲弄時隱忍，遇到任何不愉快的場合，她都不敢表露出真實情緒。透過釐清緣由，C小姐發現自己會這麼做是不想被人討厭、不想讓對方不愉快。再往下深究，可以將她的行為歸咎於「自信不足」，C小姐誤以為接受所有對自己的攻擊是正確的做法。

如果你也像C小姐一樣沒有自信而下意識隱忍一切，首先你必須要有自覺。或許一開始會難以相信，但是我希望你能抱有這樣的認知：**我有存在價值，不應該受到這種待遇！**要學會反擊，可以先從演戲（＝模擬體驗）開始；累積模擬體驗，就能改變自己的意識。懂得重視自己，別人才會重視你，所以先從重視自己開始吧！

在這之後，C小姐慢慢學著以I message傳達自己的想法，並試著對他人的攻擊做出反擊、保護自己的尊嚴，前輩的態度也隨之有了變化。

重點

◎不要委曲求全，給旁人「怎麼對待這個人都沒關係」的錯覺。
◎在自己心中訂下反擊的底線，明智地說：「NO！」
◎平時就試著做模擬訓練，實際練習（如：講出來）更有效。

用JDC模型思考工作的意義和成就感

本節我將以D先生的諮商案例（49頁），與各位一起思考工作的意義。

首先讓我們回顧D先生的諮商內容。

——D先生的諮商內容

我曾是一家知名美髮店的店長，一年多前被現在老闆熱情的理念打動，選擇跳槽過來。那時的我認為，只要跟隨老闆的腳步，自己也能得到成長的機會。

然而，隨著公司規模擴張，員工的工作量大增、離職的人愈來愈多。

我曾多次向老闆提出增加人手的請求，並希望他多來店裡慰勞員工，但老闆並不在意，只丟下：「不必多管閒事，你照之前的做就好。」

即便如此，我之前總在心中寬慰自己，公司現在正處於發展期，老闆只是因為繁忙才顧不上太多。直到店裡一位同事罹患新冠肺炎後，我才真正見識到老闆的真面目。他在電話那頭怒罵「你到底是怎麼管理的！」、「能代替你這店長的人多得是！」之類的惡言，並憤怒地掛斷電話。

這讓我開始懷疑是否要繼續在這裡工作，對未來的成長可能也抱有疑慮。老闆所說的話狠狠地刺傷了我，在我腦中揮之不去。他當初感動我的理念，現在聽來彷彿天大的謊言，讓我毫無工作的動力。

最初D先生受老闆的為人與理念吸引而跳槽，打拚至今卻在公司事業規模擴大後，因老闆無情的發言而開始懷疑自己的選擇是否正確。

第1章中，我介紹了衡量工作職場舒適與否的標準——工作要求—

控制模型（JDC模型），各位可以參考146頁的圖表來評量一下自己的職場環境。

健全的職場環境應具備的條件

各位是否在職場上感受到壓力呢？

D先生的工作職場屬於壓力很大的「高緊張工作」。為此，D先生表示：「在人手不足的情況下，大家都很辛苦。我雖然是店長，卻沒有多少做決定的權力，無法減輕同事的負擔。對大家來說，當時的工作壓力真的很大。」他感嘆，若自己當時能有更多決策權，必定能組織一個讓員工更加活躍的職場環境。

工作要求－控制模型（Job Demands-Control model，JDC模型）

JDC模型中，工作要求（如：嚴格的配額）和工作控制（如：能自行決定工作順序和方法等）被視為職場的壓力源，會影響工作水準和壓力反應。

工作要求－控制模型

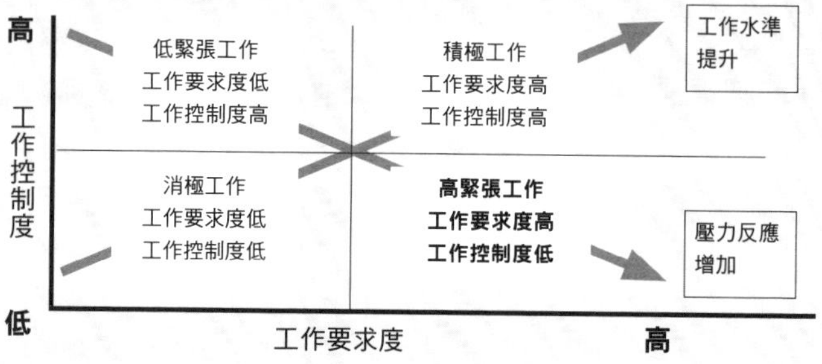

特徵

普遍認為，工作要求高於工作控制，就容易出現壓力反應（如：身體不適、心情鬱悶等）。

- 積極工作（工作要求度高／工作控制度高）：工作水準高、生產力也高。適度壓力可給予良性刺激，發揮優良表現。
- 高緊張工作（工作要求度高／工作控制度低）：憂鬱感等壓力反應產生的可能性最高。
- 低緊張工作（工作要求度低／工作控制度高）：工作沒有挑戰性或緊張感，可能會感覺無聊；如果有餘力，可以試著做些改變，如提出新的企劃案等。
- 消極工作（工作要求度低／工作控制度低）：工作要求和工作控制的程度都低之下，容易處在消極狀態。可以和上司討論看看自己的期望、想挑戰的事，藉此提升工作熱情。

出處：改編至《壓力心理學：個體差異過程與應對（ストレス心理学：個人差のプロセスとコーピング，暫譯）》小杉正太郎編著，180頁

工作要求與工作控制保持平衡，才是一個健全的工作職場。「工作要求」是指公司或上司對工作量、品質的要求。面對或挑戰被指派的工作要求時，若能被賦予一定的「決策自主權」（能一定程度地決定自己的工作方式等），對工作的熱情必定能有所提升。

JDC模型中，當「工作要求度」和「工作掌控度」都很高時，就可以在保持對工作的熱情下有優良的工作表現。如此，公司或上司就會期望你做更多工作並能有更高品質的產出，同時授予你滿足這些期望所需的決策自主權。

以生命凝聚感來說，這種想滿足公司或上司期望的狀態，就具有高度意義感；而被賦予決策自主權，就會對未來有一定的掌握，提升理解認知能力與應變處理能力。換言之，這會形成一個水到渠成的成功環境。

要有良好的工作表現，往往需要超越傳統的界線和約束，接受新的挑戰。然而，即使職位不低，每次要展開新企劃、任何需要經費的事無論金額多少都要一一取得高層或老闆許可，可以想見工作動力就會下降。這種類型的組織，對有才華和積極進取的員工而言，容易失去對工作的滿意度、被剝奪成長機會，無法在職場上培養生命凝聚感。

重點

◎運用JDC模型確認職場環境。

◎適度的高工作要求度和高工作掌控度，促成健全的工作環境。

◎在這樣的職場中，想滿足公司期待的心情會提升意義感，被賦予決策自主權後也會對未來更有把握，進而提升理解認知能力與應變處理能力。

深入挖掘並思考自己的壓力源

到目前為止，我已經為許多苦於職場環境、考慮換工作或離職的人提供諮商服務。其實只要時機和心態正確，藉由跳槽或退休找到新的可能，都是不錯的選擇。例如，當出現明確想做的工作，目前職場也無法學會相關技能，選擇換工作或攻讀研究所就是積極的行動。

與此相對，因職場壓力（人際關係、工作內容等）而跳槽或辭職，就是消極的行動。

對於想消極辭職的人，我都會請他們先**深入探究壓力的源頭**。

舉例來說，我問D先生為什麼覺得和老闆的關係變得不好，他只是簡單回答：「老闆在我表達意見的時候，表現得不愉快。」可見尚有深入探究的空間，於是我繼續追問，以免留有未盡之言、無法消除委託人的心裡疙瘩。

追問之下，D先生回答：「因為他認為我應該乖乖遵循指示做就可以了。」回答的同時，D先生開始意識到自己沒有被老闆重視，而他就是因為不被認可或被需要而感到不安。

為了瞭解內心深處的原因和感受、為什麼這個環境會造成壓力，就必須深入探究原因。若不弄清楚原因就辭職，之後恐怕仍會因為類似的原因辭職、逃避。透過深入思考「讓我覺得不受重視的事情具體是什麼？」「我可以為組織做出什麼貢獻，才能得到工作場所和上司的重視？」方能積極邁向下一步。

在組織中是否有被重視的感覺

對於在組織中工作的人來說，**感覺自己受重視、提升意義感，是極為重要的**。當我們感到自己受到重視和需要時，就會想要回報並渴望做出貢獻。大多數消極離職的人都表示「在原有工作中找不到意義」，但背後的真實感受應該是：「儘管我努力工作，組織卻不認可或重視我。」

如果公司想要員工提高積極性、保持高績效，就需要讓他們對工作抱有意義感。為此，老闆和上司需要傳遞這樣的訊息：「你的工作對我們有很大的貢獻。」

降低意義感的職場特徵

職場中發生什麼事，會讓你有意義感呢？若你身為上司，會如何為下屬創造富有意義感的職場環境呢？

接下來，我將舉出缺乏意義感的職場環境案例，和各位一起探討成因。同時請各位思考從中學到什麼，以意義感的角度看職場環境，相信一定會有新的發現。

請先想像以下情況：

你被任命為專案負責人，卻無法決定專案要如何進行，而且無法未經高層許可就做任何決策。

Q：處在這樣的狀況中，你會怎麼想？

A：我覺得自己不被信任。

Q：接下來，你會有什麼心態變化？

A：無法對這個專案感到自豪、專注於工作中，會不由自主地想：「我究竟是為了什麼而做……」找不到工作的動力。

Q：從意義感的角度看此類狀況，你能從中學到什麼？

A：沒有被委以決策權，容易使人失去身為負責人該有的信心、自豪感和動力。因此開始專案前，必須與上司達成權力範圍上的共識；將工作交給下屬時，也必須創造出能提升他們意義感的環境。

※請於接下來的問題中填入答案，我會在後面頁數提供參考範例。

①你在會議上表達意見卻遭到忽視，對方一副不感興趣的樣子。

Q：處在這樣的狀況中，你會怎麼想？

A：

Q：接下來，你會有什麼心態變化？

A：

Q：從意義感的角度看此類狀況，你能從中學到什麼？

A：

②最近公司被併購，換了管理階層，但你不贊同公司的口號、目標和管理階層理念。

Q：處在這樣的狀況中，你會怎麼想？

A：

Q：接下來，你會有什麼心態變化？

A：

Q：從意義感的角度看此類狀況，你能從中學到什麼？

A：

以下為回答範例，供各位參考。

①你在會議上表達意見卻遭到忽視，對方一副不感興趣的樣子。

Q：處在這樣的狀況中，你會怎麼想？

A：負面情緒湧上心頭，覺得自己不被尊重。

Q：接下來，你會有什麼心態變化？

A：不明白自己為什麼要參加會議，根本是浪費時間。

Q：從意義感的角度看此類狀況，你能從中學到什麼？

A：雖然照理而言，確實不是所有意見都會在會議中得到讚揚或反饋；但與會者（尤其是管理階層）表現得不感興趣，會讓報告者覺得參加會議沒有意義。

②最近公司被併購，換了管理階層，但你不贊同公司的口號、目標和管理階

層理念。

Q：處在這樣的狀況中，你會怎麼想？

A：雖說心境會依職位不同而異，但是我會沒辦法以身為其中一員為榮。

Q：接下來，你會有什麼心態變化？

A：對公司不抱有自豪感，覺得難以繼續為公司工作。

Q：從意義感的角度看此類狀況，你能從中學到什麼？

A：身為在組織中工作的人，我認為對自己的公司和工作感到自豪是很重要的，這讓我再次深刻體認到意義感的重要性。或許我該從不同角度思考，是否有方法可以提升意義感。

若你身邊也有這類影響意義感的事發生，請用這種方法思考看看。

再困難也要正面迎戰、從中學習

——D先生的情況

工作面的意義感會大幅影響工作動力與表現。當工作上遇到瓶頸和困難，有上司或同事的支持、感受到自己受到重視，往往能成功克服。

以D先生的情況而言，他之前能以高度意義感克服重重困難，很大程度取決於與老闆最初的共識，以及彼此共同的目標。然而，老闆那句「能代替你的人多得是」摧毀了D先生的意義感。

若D先生單純以不想繼續為這個老闆工作而離開職場，未免太過可惜；不妨藉由這次離職經驗，思考面對同樣困難時該如何，活用於之後的職涯中。

後來，D先生在心中做好面對困難的準備，表示：「若我之後擁有自己能掌握的明確目標，我一定會努力讓周圍的人都幸福。」並選擇了辭職，積極朝下個目標前進，目前正在為開設理想的店而努力。

重點

◎當你遇到掛心的煩惱時，先深究其成因。
◎若沒有弄清楚原因就辭職，下次處於同樣情況時就有再次辭職的風險。
◎在組織中工作時，覺得自己受到重視會帶來意義感。

運用弗蘭克心理學的練習

這一節開始，我將參考弗蘭克心理學和根據其經歷撰寫的《活出意義來》，與大家分享幾個練習方法，有助於獲得「追求意義的意志」。

首先，我們複習一下弗蘭克心理學的基本思想。

透過諮商，我時常得知委託人的人生觀。我們會一直渴望著尋找生命的意義，弗蘭克心理學將之稱為「追求意義的意志」。正如我在第2章中提到的，每個人都希望過著有意義的生活；但弗蘭克認為，現代人太過度追求意義。

想賺大錢、想辦一場令人羨慕的婚體、想升職……我們在每個人生階段都會有不同的目標和生存價值，這就是人的「慾望」。然而，透過滿足慾望來尋找生命意義，終究會有其極限，因為慾望是無窮無盡的。到最後，就會靠著與他人比較來維持優越感，而忘記自己真正的人生目標。

舉例而言，以升職為人生目標的人，成功升職就會感到滿足、無法升職就會感到空虛。像這樣單純地追尋慾望而生，就不具有追求意義的意志，將難以使內心安穩。

根據弗蘭克心理學所說，這類人以自身利益為重，期望人生讓自己享受到生存的意義。然而，**人生才是向我們提出課題的一方，我們的存在只是回應它罷了**。因此弗蘭克指出，我們不應該期望從人生中得到什麼。

可以說，尋找生命意義的關鍵，在於你能否接收到人生向你拋出的問題，以及你採取什麼行動來回應它。

回應人生拋出的課題

在為那些厭倦人生、認為生活沒意義的人諮商時，弗蘭克請他們自問：「人生對我有什麼期望？」

是否有人在等待你，你是否有未完成的事？為了回應這些人或事，你現在可以做什麼？即使只是日常瑣事，我們也可以將其視為人生對自己拋出的課題，在內心詢問並回答它。我相信反覆這麼做，一定能獲得追求意義的意志。

舉凡上班途中的電車上，有一個看起來身體不適的人站在你面前，你會怎麼做？目睹職場上發生霸凌事件時，你又會如何呢？

這些在你周遭發生的事，都是人生在向你拋出課題，你會採取什麼態度來回應都端看個人。你可以裝作沒發現；當然，你也可能真的沒有留意到。無論如何，若對這些人生拋出的課題都抱持著默不做聲的態度，有可能失去人生觀等對自己非常重要的東西，從而陷入不停追尋意義、卻得不到滿足的狀態中。

我們可以說：「活著就是解答人生課題，對自己的人生負責。」

摘自《向生命說YES！》日文版186頁

註解此書的學者山田邦男對此補充道：「完成每一個使命，無異於實現了追求意義的意志。」

養成習慣，留意人生拋出的課題

如何才能留意到人生拋出的課題，並正確回應它呢？

答案在於提升對日常瑣事的敏感度。

①不要錯過生活中遇到的任何課題。

②思考自己該採取什麼行動來面對課題。

③採取行動後，留下什麼印象或注意到什麼（至少加入一項對自己的讚美）。

將這些項目記在手機便利貼或日記中，有助於養成思考習慣。透過練習，讓自己有「今天又幫助人了」的成就感，能增加對人生的意義感。

◎記錄的方法

【事件】和同事在閒聊，話題突然轉到說前輩的壞話上；那位前輩我交好，但大家開始尋求我的贊同。

【人生拋出的課題】在閒聊中被要求一起說前輩壞話，這時該怎麼做？

【你的回答】用不置可否的口吻避開話題：「嗯……我也不太清楚耶。」

【選擇這種處理方式的理由】不想一起說前輩壞話，但也不想反對其他人的意見而引人注目。

【對自己的評分（滿分10分）】６分。

【注意到的細節】我無法當場說出自己不贊同大家的觀點，但至少可以做到不一起說前輩的壞話。

若想隨時記錄，可先記下事件、回答和評分，等有空時再詳細寫。

透過記錄，你將意識到人生向你拋出的課題，並直觀地瞭解哪些行為可以實現追求意義的意志。

重點

◎日常瑣事中存在著人生拋來的課題。

◎針對生活中的問題，在備忘錄或日記中寫下你選擇的行動和原因，以及當時的印象和注意到的事。

根據弗蘭克心理學，以下3種價值對於讓人生充滿意義非常重要。

接下來我將介紹並給出一些練習範例，讓你可以在日常生活中實踐。

透過創造價值，實現自我價值

《向生命說YES！》日文版72頁中提到，「創造價值」就是透過實踐某件事或行動來達成自己的任務，從而實現價值。

舉例如下：

◎瞭解到自己設計的產品對很多人的生活都有幫助。

◎從繪畫、寫作等創作活動中得到成就感。

練習

寫下你曾經因哪些活動、創作或工作感到心靈上的滿足，或認為自己為社會提供了什麼價值。

無論多小的事都可以，能留意到小事更好。透過寫下自己的發現，將培養自信、找到真實的自己。

舉例如下：

◎時隔許久提起畫筆，沉浸在繪畫世界中，不知不覺竟畫了好幾個小時。

◎在社群媒體上介紹快速做便當技巧，得到反饋：「謝謝分享。」

製作專屬的體驗價值日記

《向生命說ＹＥＳ！》日文版72頁中提到，「體驗價值」就是透過體驗某件事，或打從心底愛上自然、藝術、人類等，從而實現的價值。

深入被關押在集中營者的內心，會發現偶爾接觸到的藝術與自然會帶來非常強烈的體驗，能讓人暫時忘卻周遭恐怖的情況。（中略）在被從奧斯威辛集中營押送到巴伐利亞鄉下集中營的路上，我們從押送車的鐵欄縫隙中窺見染上橙色夕陽的阿爾卑斯山脈，那美麗的光暈照耀著我們彼此的臉龐，讓人一時恍了神。（中略）我們被多年未見的大自然美景深深地吸引了。

摘自《活出意義來》日文版64～65頁

練習

請在一天將要結束的最後自問：「今天的哪一瞬間讓我感受到幸福？」

◎回家路上，看著美好的夕陽，洗清了一身的疲憊。
◎生日時收到媽媽的訊息：「謝謝你來當我的孩子。」感覺自己又一次被總以孩子為優先的母愛所感動。

每天自問並記錄答案，做成專屬自己的「體驗價值日記」，可藉此瞭解自己經歷什麼經驗時，能感受到幸福、愉快的心情；也可以一併寫下創造價值，互相對照。

面對自己的過去，思考態度價值

《向生命說ＹＥＳ！》日文版72～73頁中提到，當透過創造價值和體驗價值都找不到人生意義時，還可以嘗試第三種方法——「態度價值」。

就算有不可抗力的外在因素制約可能性，讓你無法改變命運或事實，仍然可以決定自己對事的態度和應對方法，以及如何揹負命運所賦予的十字架，由此找到人生意義。這種思考方式，是回應人生拋出課題的關鍵，跟生命凝聚感中的意義感有許多共通之處。

《活出意義來》中，弗蘭克便提到集中營裡充滿一連串情況，強迫著人們做出艱難的決斷。

集中營裡，人們隨時都處在可能被剝奪獨特性——意即思想自由的威脅中，無時無刻都夾在放棄自由與尊嚴、甘願墮落成被環境玩弄的存在；抑或是爲保留一絲尊嚴而拒絕服從。

摘自《活出意義來》日文版111頁

練習

此練習旨在正視自身痛苦的過去，因此建議在心有餘力、能明確且客觀地看待過去時進行（※也可以避開仍然痛苦的過去，先從已經在心中整理好思緒的經驗開始）。

首先，請回想面對痛苦、無法逃避艱難命運時的經驗。舉凡弗蘭克所經歷的集中營，另外無法以自身努力改善的課題也算，例如：與親人分離、被解雇、患病、揹債等等。

當面對這樣的困難時，你能接收到這就是人生向你拋出的課題嗎？

你可以想像搭乘時光機回到過去，繪製一個簡單圖表，橫軸為年齡（自由決定間隔歲數），縱軸為自認為幸福（峰值）和痛苦（低谷）的時刻（請參閱173頁圖表），然後決定返回哪一段過去。

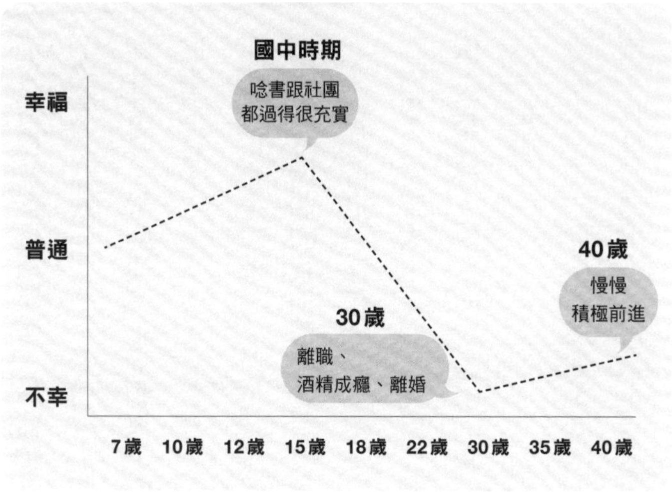

請用以下問題整理自己的狀態：

◎煩惱你的事情發生在幾歲？當時發生什麼事？

例：30歲。因為跟上司不合而辭職，而且幾乎在同時患上酒精成癮，還離婚了。

◎當時你採取的態度（言行）是什麼？為什麼這麼做？

例：

【面對痛苦的態度】我離職後沒找下一份工作，沉迷於酒精整整一年，讓妻子非常不滿。我多次向妻子保證戒酒，但很快就重蹈覆徹，最終她選擇跟我離婚。

【這麼做的理由】我自認為對工作盡心盡力，卻不被上司認可，一氣之下索性辭職。辭職後又感受到妻子的不諒解，於是終日沉迷於酒精中，藉此逃避現實。

◎現在的你怎麼看待當時的處理方式？

例：當時懦弱的我怕被指責，沒有好好跟妻子聊過事情的前因後果。我感覺被否定了存在價值，變得自暴自棄。

◎你覺得當時人生在向你拋出什麼課題？

例：我覺得人生在向我拋出的課題是：「你能果斷戒掉酗酒，積極向前邁進嗎？」

◎如果現在的你再次遭遇相同困境，會選擇用什麼態度面對？

例：我會選擇不再因為不想受傷而逃避現實，戒掉酗酒、取回妻子的信任，努力積極地向前邁進。

試著練習以上內容；若有餘力，請一併思考以下問題：

◎你用來衡量幸不幸福的價值觀基準是什麼？

◎若你沒有實際遇過不幸的事，可以假想可能遭遇不幸的情況，並思考自己會用什麼態度來面對。

重點

◎能在日常生活中實現的是「創造價值」。

◎體驗過後打從心底愛上某件事，實現的是「體驗價值」。

◎在無法改變命運之下，最後留下的會是「態度價值」。

最終章

思考人生意義

以取得金錢或地位為目的的人生目標無法持久

前面談到，弗蘭克心理學將人類找尋人生意義的慾望稱為「追求意義的意志」。我們渴望著追求有意義的人生，現代人卻難以滿足這股慾望。因為以取得金錢、地位等為目的，冀望從中獲取充實感的人生目標，是有其極限的。

無論多麼有錢有權，人總有一天要面對死亡，而權力與財產都帶不進死後世界。靠著和他人比較來確保優勢的人，為了滿足無止盡的慾望，終將迷失自我，不知道自己究竟想怎麼做、想要得到什麼。弗蘭克心理學中提到，這種期待人生賦予自己活著的理由與意義的狀態，就是以自我為中心的世界觀。

父母不稱職，自己就永遠不幸嗎？

孩子無法選擇自己的父母，原生家庭很大程度會影響一個人的一生。在有錢人家出生的孩子，未來多半不用為金錢煩惱；生於貧困家庭的孩子，卻可能連上學都是問題；有的孩子甚至受到父母虐待。我在諮商時也發現，無論好壞，委託人的性格（思考方式、價值觀、行為等）很大程度都受到父母的影響，甚至影響到整個人生。

在選舉造勢活動中殺害前首相安倍晉三的凶嫌山上徹也，也擁有一對不稱職的父母。他在陳述殺人動機時提及，因母親篤信舊統一教而捐鉅款，致使家中破產。母親犧牲了孩子的生活，選擇沉迷宗教團體，促使山上徹也陷入絕望、進而犯下不可挽回的悲劇。一部分人會同情這位殺人犯，就是認為他無法選擇原生家庭、難以憑一己之力改變宿命。

既然如此，這些擁有不稱職父母、遭受家庭暴力或出身貧困的孩子，就只有悲慘的未來嗎？其實，這與進入黑心企業、遇到可惡上司的人很相似。

能否接受宿命，將左右人生走向

我們周遭其實都存在兩種人，一種是身處高壓中也能歷劫成長者，一種是輸給命運、被困境吞噬者。我因為工作關係，聆聽過近萬人的傾述，其中有的人擁有能戰勝殘酷困境的能力、有的人無法。我藉由對生命凝聚感與弗蘭克心理學的理解，綜合多年諮商經驗，不斷思考兩者的差異。

當人們面對想逃卻逃不了的艱苦困境時，能否將之轉化為有意義的經驗，將成為左右人生走向的重要分水嶺。究竟怎麼做，才能將艱苦困境轉化為人生的養分呢？我認為關鍵就是要將這些困境視為「宿命」，接受並正面迎戰課題。

這裡所說的宿命，是指原生父母、集中營生活、戰爭等，僅靠自身努力也難以改變的事情。另外，不得不在不適合的職場或上司手下工作，這種情況也算是宿命的一種。

各位或許會覺得，接受宿命等同逃避現實，但其實並非如此。接受宿命，是指在命運給予的環境中，思考人生課題和自己能做什麼，最後下定決心面對挑戰。

我認為被困在集中營的弗蘭克，便是因為接受了宿命，在每次生死關頭靠著自己的判斷做出足以左右人生的選擇，才得以生存下來。

將艱苦困境轉化為人生養分

理解生命凝聚感與弗蘭克心理學，並接受宿命，有助於將艱苦困境轉化成對人生有意義的經驗，使你成為擁有自己一套人生哲學、能靈活思考的人。這麼一來，便能從經驗、知識與人際關係等多個角度思考事情，建立多元思維。

知識與學習量、閱讀量成正比。

以建造房子為例，知識便是地基，擁有豐富且高度的知識，就能建造堅固且寬闊的地基；而有了堅固且厚實的地基，便能用自己的經歷在上面建造更充實的經驗與人際關係，這就是所謂的多元思維。

擁有多元思維的人，即使遇到相同事情，也能運用知識直覺性地發現什麼能充實自己，並加以吸收與活用。而直覺便是來自於理解認知能力與應變處理能力，這兩種能力能讓人不畏失敗、積極面對困難。從知識與過往經驗中明白失敗也能成為充實人生的養分，就會增加良好的經驗值。

多元思維可提高理解認知與應變處理能力

在這裡提醒各位一件事，即便你已經透過大量的知識、研究與經驗掌握周遭事物（理解認知能力），從中獲得自信（處理應變能力），也不該就此停止吸收新知。若停下吸收新知的腳步，可能會變得固執己見、排斥新價值觀。然而，在這千變萬化的世界裡，想要靈活應對萬事萬物，就需要不停地吸收新知、提升自己的理解認知與應變處理能力。

讀到這裡，或許有人會認為自己以前沒有好好讀書，理解認知與應變處理能力一定很差。不過，從現在開始改變也不晚。只要持續透過閱讀、從專家身上學習各種知識，理解認知與應變處理能力必定能有所提升。

擁有廣泛知識後，在經歷事物時結合其過往歷史與各種看法，便能吸取到超越表層、全新而有深度的收穫，這也算是一種多元思維。反覆進行多元思維，就能建構多元視角，進而提高理解認知與應變處理能力。

做出錯誤選擇者的共通點

接下來，讓我們回顧一下「意義感」與弗蘭克心理學中的「追求意義的意志」。

無論人生受到什麼限制、乃至面臨死亡，人都有精神自由、足以決定自己的態度。

如何將眼前艱難的困境視為人生課題並回應，端看每個人看待事物的方式；能否傾聽內心的聲音（＝人生課題）、以真誠的態度回應它，則端看是否擁有自己的人生哲學。

擁有自己的人生哲學，就能將艱難的困境視為對自己有意義的挑戰，這樣的人善於與自己的人生相處。

在此以山上徹也為例，討論看待事物的方式與人生哲學。

他事先準備了周密的犯案計畫，將安倍前首相殺害。可以說，他的哲學與思想讓他做出了「殺害」這個決定——因為他認為安倍晉三與困擾自己的環境和生活息息相關。

客觀地說，賭上自己人生的山上確實達成了目的，但這會帶給他意義感或人生意義嗎？真實答案只有本人才知道，不過我不認為他能獲得真實意義上的意義感與人生意義。

前面說過，能否將艱難困境視為對自己有意義的挑戰，取決於是否接受宿命，並擁有自己的人生哲學。山上徹也想必擁有自認為的人生哲學與思想，但他在人生岔路上選擇了「殺人」這個選項；而我們都知道，無論什麼動機或緣由，殺人是最不應該的。他會這麼做，或許就是因為他在接收到人生課題（＝內心聲音）後選擇了無視。換言之，殺人這般極端的選擇可能不是他的本心。

就算擁有一套人生哲學，也可能做出錯誤選擇，像是訴諸暴力、陷害他人等。而會這樣做出錯誤選擇的人，共通點都在於固執於自己主觀而偏頗的看法。

克服困難將成為很好的人生經驗

無論什麼樣的人、遭遇到什麼樣的事，都有其人生意義。遇到想逃避的狀況，只要真誠面對，也能從中獲得經驗，並且或許將改變對自己、他人或社會的看法。

累積好的人生經驗，能讓自己更信任、更愛身處的世界。對這個世界抱有愛，就能改變現在、更懂得活在當下。當你開始重視現在，或許便能賦予痛苦而無法改變的過去一個全新的意義。

我在諮商時，看過很多人克服困境、增加好的人生經驗後，變得更重視自己以及周遭環境。至於要如何累積好的人生經驗，最簡單的方式就是從課業或工作上學習新知並付諸實踐，放下成見並傾聽他人的話。建議各位在日常生活中多多實踐我在第4章介紹的練習方法。

思考人生意義，得到生存力量

忙於生活或工作，會讓我們容易認為思考人生意義很脫離現實，而以「沒空」、「想也得不到解答」等藉口忽視其重要性。或許只要不到如集中營般隨時有生命危險的極端狀況，人們都不會去認真思考人生意義吧。

然而，每天過著平穩的生活、一直不滿足自己的內心，將難以度過不後悔的人生。我認為現代人愈是忙碌愈應該停下腳步，思考自己究竟是為了什麼而活，發現自己內心那份追求意義的意志。如此將提高生命凝聚感，進而獲得生存的力量。

生命凝聚感和弗蘭克心理學有些艱澀，但是看過此書、還想瞭解更多的人，可以看看探討生命凝聚感的專門書籍或弗蘭克的著作，必定能得到更多新的發現。

最後期望各位能藉由此書認識弗蘭克的思想，並重新審視自己的人生，運用生命凝聚感塑造一個勇於挑戰困境的自己。

結語

我在二〇二三年二月十四日寫下這篇結語，這時俄羅斯進攻烏克蘭已經快一年。這場戰爭擾亂了如薄冰一般保持表面和平的世界局勢，不過就算沒有這場戰爭，整個世界也因為新冠肺炎等突發事件而變得混亂、讓人疲憊。只是好不容易擺脫不知從何而來的病毒、稍顯好轉之時，戰爭的發生又導致全球物價上漲、波及每個人的生活。

現代社會充斥突發事件，因此擁有人生意義就如同手握指南針般重要。我相信，我在諮商與研究中學到的生命凝聚感與弗蘭克思想，有助於讓我過上有意義的人生。

本書以貼合生活的案例，介紹了可應用於日常生活中的練習。如果想更深入瞭解相關知識，可以閱讀我在書末列出的參考文獻。

能夠完成本書，要感謝許多人的幫助。

感謝我的指導教官——筑波大學研究所的水上勝義教授，讓我在博士論文中得以深入研究生命凝聚感。另外，也感謝人文科學協同學會（Institution for the Synergy of Arts and Sciences, ISAS）給我研究發表的機會。

Mental think tank股份公司社長兼國會議員政策祕書、擁有官方心理師認證的濱崎篤人先生，也在我的研究上給了許多指導，並協助確認本書內容。

再者，也謝謝本書的編輯——河出書房新社的稻村光信先生，與自由編輯者佐野千惠美小姐，讓這本書得以付梓。

最後，謝謝閱讀到此的各位選擇本書。

主要参考・引用文献

書籍

•アーロン・アントノフスキー著『健康の謎を解く―ストレス対処と健康保持のメカニズム』（山崎喜比古・吉井清子監訳／有信堂高文社／2001年）
•ヴィクトール・E・フランクル著『夜と霧』（池田香代子訳／みすず書房／2002年）
•ヴィクトール・E・フランクル著『ロゴセラピーのエッセンス―18の基本概念』（赤坂桃子訳、本多奈美・草野智洋解説／新教出版社／2016年）
•ヴィクトール・E・フランクル著『それでも人生にイエスと言う』（山田邦男、松田美佳訳／春秋社／1993年）

- ヴィクトール・E・フランクル著『絶望から希望を導くために――ロゴセラピーの思想と実践』（広岡義之訳／青土社／2015年）
- ヴィクトール・E・フランクル著『意味による癒し ロゴセラピー入門』（山田邦男訳／春秋社／2004年）
- 蝦名玲子著『困難を乗り越える力――はじめてのSOC』（PHP新書／2012年）
- 河合薫著『他人をバカにしたがる男たち』（日本経済新聞社／2017年）
- 小杉正太郎編著『ストレス心理学――個人差のプロセスとコーピング』（川島書店／2002年）
- 斎藤環著『人間にとって健康とは何か』（PHP新書／2016年）
- 山崎喜比古監修・戸ヶ先里泰典編集『健康生成力SOCと人生・社会――全国代表サンプル調査と分析』（有信堂高文社／2017年）

・平木典子著『アサーション・トレーニング―さわやかな〈自己表現〉のために』（日本・精神技術研究所／2009年）
・福井至・貝谷久宣監修『図解 やさしくわかる認知行動療法』（ナツメ社／2012年）
・舟木彩乃著『「首尾一貫感覚」で心を強くする』（小学館新書／2018年）
・松山淳著『君が生きる意味―人生を劇的に変えるフランクルの教え』（諸富祥彦解説／ダイヤモンド社／2018年）
・諸富祥彦著『フランクル心理学入門―どんな時も人生には意味がある』（角川ソフィア文庫／2021年）
・山崎喜比古・戸ヶ里泰典・坂野純子編『ストレス対処力SOC―健康を生成し健康に生きる力とその応用』（有信堂高文社／2019年）
・ゆうきゆう著『マンガ版 ちょっとだけ・こっそり・素早く「言い返す」技術』（三笠書房／2020年）

雜誌、網站等

●『労働安全衛生法に基づくストレスチェック制度実施マニュアル』（厚生労働省／2016年）
●小塩佳奈・水上勝義「がん就労者のストレスと就労意向の関連の検討」（『産業ストレス研究』／25（2）／2018年）
●嶋田江利香・辻大士・水上勝義「あん摩の手技を用いた力学的刺激が身体愁訴、気分、自律神経機能に与える影響」（『文理シナジー』／26（2）／2022年）
●戸ヶ里泰典・山崎喜比古・中山和弘・横山由香里・米倉佑貴・竹内朋子「13項目7件法 sense of coherence スケール日本語版の基準値の算出」（『日本公衆衛生雑誌』／62（5）／2015年）
●舟木彩乃・水上勝義「精神科医に求められる役割とメンタルヘルス」（『新薬と臨牀』／65（6）／2016年）

・舟木彩乃・水上勝義「国会議員秘書のストレスに関する研究」(『産業ストレス研究』/25(3)/2018年)
・舟木彩乃・水上勝義「国会議員秘書のストレスに関する研究―4名のライフストーリー・インタビュー調査から―」(『文理シナジー』/21(1)/2017年)
・舟木彩乃・水上勝義「地元事務所に勤務する国会議員秘書のストレスに関する研究―議員会館勤務の国会議員秘書のストレスとの比較」(『文理シナジー』/24(1)/2020年)
・舟木彩乃『職場のストレス・マネジメント術』(毎日新聞経済プレミア(Web)/2019年)
・森本万記子・辻大士・水上勝義「神経筋疾患患者の母親の心理的 well-being 関連要因の検討 ―首尾一貫感覚、スピリチュアリ ティ、コーピング―」(『文理シナジー』/25(2)/2021年)
・『10歳「僕はキエフに残る」高齢者に食料配達…街にとどまる市民「それぞれの理由」』(読売新聞オンライン/2022年)

壓力管理專家

舟木彩乃

壓力管理專家（人文關懷科學博士／筑波大學研究所博士課程結業／人文關懷科學系主攻獎得主）。曾任職於企業的人力資源部和醫院身心科，現任Mental Think Tank Co., Ltd.（筑波大學合資企業）副社長，兼任一般社團法人人文科學協同協會委員。發明可向AI進行諮商的「壓力管理支援系統」（已取得專利）。擁有國家註冊心理治療師、心理健康福利師、一級健康管理師、職業諮商師等資格。

現已幫助約1萬人做諮商，並參與中央政府辦公室的心理健康措施和縣政府培訓。撰寫多篇論文，包括《議會祕書壓力研究》（工業壓力研究），並於雅虎新聞擔任專欄作者，連載有關職場心理學的文章。著有《「首尾一貫感覚」で心を強くする》。

逆風化作蒲公英

運用「生命凝聚感」提升面對困境的能力

出　　版／楓書坊文化出版社
地　　址／新北市板橋區信義路163巷3號10樓
郵政劃撥／19907596　楓書坊文化出版社
網　　址／www.maplebook.com.tw
電　　話／02-2957-6096
傳　　真／02-2957-6435
作　　者／舟木彩乃
翻　　譯／廖玠淩
責任編輯／邱凱蓉
內文排版／楊亞容
港澳經銷／泛華發行代理有限公司
定　　價／360元
出版日期／2024年10月

國家圖書館出版品預行編目資料

逆風化作蒲公英：運用「生命凝聚感」提升面對困境的能力 / 舟木彩乃作；廖玠淩譯. -- 初版. -- 新北市：楓書坊文化出版社, 2024.10 面；　公分

ISBN 978-626-7548-08-0（平裝）

1. 壓力 2. 抗壓 3. 自我實現

176.54　　113012972